100个成语中的古代生活史

许晖 著

广西师范大学出版社
· 桂林 ·

目录

◆ 礼俗

礼俗

一唱三叹
到底是怎样“唱”、怎样“叹”的？

“一唱三叹”这个成语今天只有一个意思，而且仅仅使用其比喻义，比喻诗词或文章优雅婉转，余韵悠长，久久不绝。这个比喻义跟它的原始含义完全不同，最初乃是写实，真的指一唱而三叹。

《礼记·乐记》是最早的一部记载先秦儒家音乐美学思想的著作，其中写道：“《清庙》之瑟，朱弦而疏越，一倡而三叹，有遗音者矣。”

“清庙”指祭祀有清明之德的祖先的太庙，祭祀时要歌唱，于是以“清庙”为乐章之名。《诗经·周颂》中的《清庙》之诗就是祭祀周文王的乐章，全诗很短：“于穆清庙，肃雍显相。济济多士，秉文之德。对越在天，骏奔走在庙。不显不承，无射于人斯。”

中国台湾学者马持盈先生在《诗经今注今译》一书中的白话译文为：“唉！在这个深远而肃静之庙，恭祭文王，助祭的公卿诸侯，都是很肃敬而雍和；而与祭之人，又都是济济多士。大家都能秉承文王的德行，发扬文王在天的意旨；而又能敏速的奔走于庙中之祭祀。像这样的大大的显现了文王的德行，大大的顺承了文王的意旨，文王自然是很喜欢的了，不会厌恶人们了。”

由此可见这是非常庄重的乐章，因此歌唱时有专门的规定。“朱弦”即练朱弦，“练”是熟丝，用熟丝制成的红色琴弦称“朱弦”。生丝所制的琴弦发声清越，熟丝所制的琴弦则发声混浊。“越”指瑟下面的小孔，加以疏通，使瑟发出的乐声迟慢，故称“疏越”。孔小发声则急，孔大发声则缓。

祭祀周文王的乐章为什么要“朱弦而疏越，一倡而三叹”呢？唐代学者孔颖达注解说：“弦声既浊，瑟音又迟，是质素之声，非要妙之响。以其质素，初发首一倡之时，而唯有三人叹之，是人不爱乐。虽然，有遗余之音，言以其贵在于德，所以有遗余之音，念之不忘也。”

这段话的意思是说：之所以使弦声混浊，使瑟音迟慢，在于强调这是质朴之声，而不是费心制作的精微、雅致、极其美好的乐声；重要的是让乐声唤起人们对周文王质朴的德行的怀念，而不只是让人们单纯地欣赏精妙的音乐。

所谓“一倡而三叹”，东汉学者郑玄注解说：“倡，发歌句也；三叹，三人从叹之耳。”孔颖达进一步注解说：“三叹，谓击瑟赞叹美者，但有三人叹之耳，言叹者少也。”一人发为乐声，其他三人击瑟相应和，而不是组成一支人数庞大的伴奏队伍，也是强调此乃质朴之声。“叹”的目的在于使乐声悠长不绝，令人念念不忘周文王质朴的德行。

然后《乐记》又用饮食相比：“大飨之礼，尚玄酒而俎腥鱼，大羹不和，有遗味者矣。”“大飨”指集合远近祖先的神主于太庙之中，举行合祭之礼；“玄酒”其实就是深黑色的水；“腥鱼”指生的带有腥味的鱼；“大羹”指不加任何调料的肉羹。

就像祭祀先王的音乐一样，祭祀先王的饮食也要质朴，深黑色的水和生鱼，一点儿滋味都没有的肉羹，目的不在于享口腹之欲，而在于借此令人怀念先王质朴的德行。因此《乐记》总结道：“是故先王之制礼乐也，非以极口腹耳目之欲也，将以教民平好恶而反人道之正也。”先王所制的礼乐，不是用来满足口腹耳目的欲望，而是以此教育百姓要有正确的好恶之心，从而回归到人道的正路上来。

这就是“一唱三叹”这个成语的由来，也可知跟今天的含义完全相反：

今天的比喻义更强调乐声和诗文的精致、优雅，原始含义则更强调乐声的质朴；比喻义更强调余韵悠长，绕梁三日，原始含义则更强调“叹”的遗音令人怀想先王质朴的美德。

再进一步来说，今天的比喻义中单纯欣赏音乐和诗文之美的含义，恰恰是其原始含义所要求人们忽视或者忘记的东西。古人对德行之重视，从“一唱三叹”这个成语的演变可以看得清清楚楚。

光緒三十一年校印

曰若稽古帝舜曰重華協于帝濬哲文明温恭允塞玄德升聞乃命以位華光華也帝謂堯也塞實也元幽潛也升上也

此一幅圖是寫帝舜之德足以嗣堯宜堯命之以位也史臣言稽考古之帝舜其文德煥發重合於堯故謂之重華然德之重合於堯者於何徵之深沈而有智一也文理而光明二也和粹而恭敬三也誠信而篤實四也舜有此四者幽潛之德上聞於堯乃命以位而歷試之觀篇首所記多與堯典相互為文足徵先聖後聖道同德一之盛也後世稱頌君德者不曰唐虞即曰堯舜重華之美信足以焜耀千古孟子言舜被袗衣鼓琴二女侍若固有之足見聖人有天下而不與氣

《钦定书经图说》卷二『帝舜图』，清代孙家鼐等编，清光绪三十一年（一九〇五）内府刊本。

《书经》即《尚书》，中国最早的历史文献，以上古及夏、商、西周君臣讲话记录为主。《钦定书经图说》是清光绪年间孙家鼐等奉慈禧太后懿旨编纂，图文相辅，书中版画工致精细，是清朝末年石版印刷术传入中国后的代表作之一。

这幅“帝舜图”描绘舜帝弹琴做南风之歌的画面，娥皇、女英二后侍立两侧。《南风歌》云：“南风之熏兮，可以解吾民之愠兮。南风之时兮，可以阜吾民之财兮。”史载，舜就帝位后，每隔五年都要往东、南、西、北巡狩一次，并在东岳、南岳、西岳、北岳接见四方诸侯，检查他们的政绩。这首《南风歌》应是舜帝南巡之时所咏。据说孔子在齐闻韶，三月不知肉味，韶乐即舜帝之乐。孔子称赞韶乐“尽美矣，又尽善也”。夏、商、周三代帝王均把韶作为国家大典用乐，可以说是中国古代宫廷音乐中等级最高的雅乐。

入木三分
什么东西能够进得这么深？

“入木三分”今天只用作形容词，比喻描写人或事物非常深刻，也用来比喻见解、议论非常深刻。但是最初的时候，这个成语却是实指。人们通常以为，既能“入木三分”，那么一定是指雕刻的刻刀陷进木头里有三分之多，这是错误的。原来，“入木三分”是形容王羲之写的字。

唐代书法家张怀瓘（guàn）所著《书断》一书引用东晋书法家羊欣《笔阵图》，讲述了王羲之学习书法的有趣故事：

“晋王羲之，字逸少，旷子也。七岁善书。十二，见前代《笔说》于其父枕中，窃而读之。父曰：‘尔何来窃吾所秘？’羲之笑而不答。母曰：‘尔看用笔法。’父见其小，恐不能秘之，语羲之曰：‘待尔成人，吾授也。’羲之拜请：‘今而用之。使待成人，恐蔽儿之幼令也。’父喜，遂与之。不盈期月，书便大进。”

“如果等到成人后再授予我，恐怕会埋没了我年幼时的才华。”十二岁的王羲之用这样的理由说服了父亲王旷，拿到了《笔说》这本秘籍，不到一个月的工夫，书法果然大进。

“卫夫人见，语太常王策曰：‘此儿必见用笔诀，近见其书，便有老成之智。’流涕曰：‘此子必蔽吾名。’”

著名女书法家卫夫人见到王羲之这一个月的字，立刻就猜到他正在学习前人用笔的秘诀，流着眼泪说：“这孩子长大后名声一定会超过我。”

“晋帝时祭北郊，更祝版，工人削之，笔入木三分。”

“祝版”是祭祀时书写祝文的木版，每次祭祀的祝文不同，因此要经常更换。这一年的夏至日，晋帝在北郊祭祀，祝版由王羲之书写，写完后工人刻字，发现王羲之的墨迹竟然“入木三分”！

羊欣接着讲述了一则神迹：“三十三书《兰亭序》，三十七书《黄庭经》，书讫，空中有语：‘卿书感我，而况人乎？吾是天台丈人。’”

《兰亭序》和《黄庭经》这两篇著名的书法作品完成后，甚至感动了天台丈人，他从空中传话褒奖王羲之。王羲之曾写有《记白云先生书诀》一文，白云先生即天台山的紫真道人，羊欣讲的故事即由此附会而来。

今人已经很少学习毛笔字，因此“入木三分”的语源也早就不清楚了，真乃憾事。

阎立本（？—673），唐代大画家，作品线条刚劲有力，色彩古雅沉着，有冠绝古今之美誉。这幅画取材于唐何延之的《兰亭记》，描绘监察御史萧翼奉唐太宗之命，骗取辩才和尚手中的王羲之真迹《兰亭序》的故事。

画面上共有五人，居中座椅上手持拂尘的是老僧辩才，面容憨厚，略带愁苦，似乎正在分说什么。对面坐的是萧翼，身体前倾，似心中急切，脸容透露出狡黠，又暗藏得意。上方盘坐的僧人看来是陪客，沉着脸，颇为不悦又有些委屈的样子。旁有二仆在茶炉上备茶。人物表情和肢体动作均刻画入微，当日的紧张情势通过画面直透出来，称得上是“入木三分”了。

唐太宗生平酷爱二王书法，为得真迹，不择手段，不免令人齿冷。现存宋人摹《萧翼赚兰亭图》计有三本，除此本外，另两本分别藏辽宁省博物馆、北京故宫博物院。

宋摹《萧翼赚兰亭图》，唐代阎立本绘，绢本设色，台北故宫博物院藏。

大放厥词
“放”的到底是什么样的“词”？

“大放厥词”是形容人夸夸其谈，大发谬论，是一个地地道道的贬义词。不过，这个成语最早却是一个地地道道的褒义词。

这个成语出自韩愈所写《祭柳子厚文》。柳子厚即唐代著名文学家柳宗元（字子厚）。柳宗元的散文丰富多彩，是公认的散文大家。他死后第二年，韩愈为他写了一篇祭文，其中有这样的叹息和赞美之辞：“子之中弃，天脱馽羁。玉佩琼琚，大放厥词。富贵无能，磨灭谁纪？子之自著，表表愈伟。”

“中弃”指柳宗元宦途中被贬谪；“馽”通“絷（zhí）”，拴住马足的绳索；“玉佩”和“琼琚”都是古人佩戴的玉制装饰品，韩愈用这两种精美的玉器来比喻柳宗元的文章；“厥”是代词，他的，“大放厥词”的意思就是指柳宗元文采斑斓，善于铺陈华丽的辞藻。

韩愈叹息柳宗元虽然宦途中遭贬谪，但这是上天为了让他写出“玉佩琼琚，大放厥词”的好文章，方才脱去了他的羁绊；那些富贵无能之人，声名磨灭又有谁知道呢？而你的著述却如此卓异，声名更加显赫。

从明代名臣刘伯温为《宋景濂学士文集》写的序言中能够更清楚地看到这个成语的含义。在这篇序言中，他引用了欧阳玄赞美宋濂的话：“先生天分至高，极天下之书无不尽读，以其所蕴，大肆厥辞。”正因为书读得多，蕴积深厚，方才能够发而为绚丽的文辞。

“大放厥词”这个对文人的文章极尽赞美之能事的成语演变到今天，居然变成了一个语感极重的贬义词，真是匪夷所思。

《晚笑堂竹庄画传》之『柳宗元』，清代上官周绘，清乾隆八年（一七四三）刊本。

上官周（1665—约1750），字文佐，号竹庄，福建长汀人，擅长人物、山水，为闽西客家画界之首，有“江南民间神笔”之称。《晚笑堂竹庄画传》是上官周晚年创作的古代名人画像集，收录西汉刘邦至明初郭德成历代圣贤、名臣、名将、名媛共一百二十人画像，每人一图一传，为清代人物画谱之杰作。这一幅柳宗元像清癯苍老，却精神矍铄。因柳宗元出于河东柳氏，人称柳河东，又因他终于柳州刺史任上，复号柳柳州。画面上他双手高举，神情兴奋，貌若文思泉涌，诗兴大发，正要“大放厥词”呢。

入乡随俗
“随”的到底是什么样的“俗”？

日常口语中常说“入乡随俗”，意思是到一个地方就遵从那个地方的风俗习惯。“乡”指乡里，可想而知其风俗习惯覆盖的面积之小。但最初的时候，这个成语覆盖的面积可比乡里要大得多了。

《礼记·曲礼上》篇中规定：“入竟而问禁，入国而问俗，入门而问讳。”郑玄注解说：“皆为敬主人也。禁谓政教；俗谓常所行与所恶也；国，城中也。”孔颖达则解释得更加清楚：“竟，界首也。禁谓国中政教所忌。凡至竟界，当先访问主国何所禁也。”“国，城中。城中如今国门内也。俗谓常所行也。入主人之城内，亦先问风俗常行也。”“门，主人之门也。讳，主人祖先君名，宜先知之，欲为避之也。问讳而以门为限者，主人出至大门外迎客，客入门，方应交接，故于门为限也。”

原来，进入别的国家边境的时候，要先问该国政治与教化方面的忌讳，此之谓“入竟而问禁”；进入别的国家城门的时候，要先问该国城市之中所常行的风俗和厌恶的事情，此之谓“入国而问俗”；进入别人家门的时候，要先问主人祖先的名字，以便谈话时加以避讳，此之谓“入门而问讳”。从国家到城市再到家门，古人关于“禁”“俗”“讳”的礼节区分得极其精细，后人已经不耐烦这种区分，因此就用“入乡随俗”一言以蔽之了。

岳飞的孙子岳珂在《桯（tīng）史》一书中讲过一个有趣的故事：北宋年间，有两位狂生，一位姓张，一位姓吴，胸怀大志却不为人所知，听说西夏有意入侵中原，遂叛国而往。在西夏都城的酒家里，二人剧饮终日，然后挥笔在墙壁上大书："张元、吴昊，来饮此楼。"巡逻的人将二人捉拿，"夏酋诘以入国问讳之义，二人大言曰：'姓尚不理会，乃理会名耶！'"

原来，西夏国君的名字叫李元昊，张、吴两位狂生故意将元昊之名嵌入自己的名字里面，目的是引人注目。李元昊以"入国问讳"诘问，是综合了"入国而问俗""入门而问讳"两项礼节。两位狂生的目的果然达到了，李元昊"竦（sǒng）然异之，日尊宠用事"。入国而不问讳，竟然还能达成这样的效果，实在有趣！

太平有象 一八四

太平有象 一八四

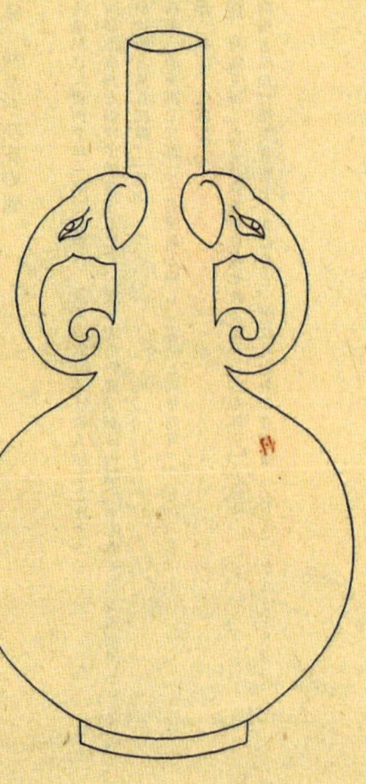

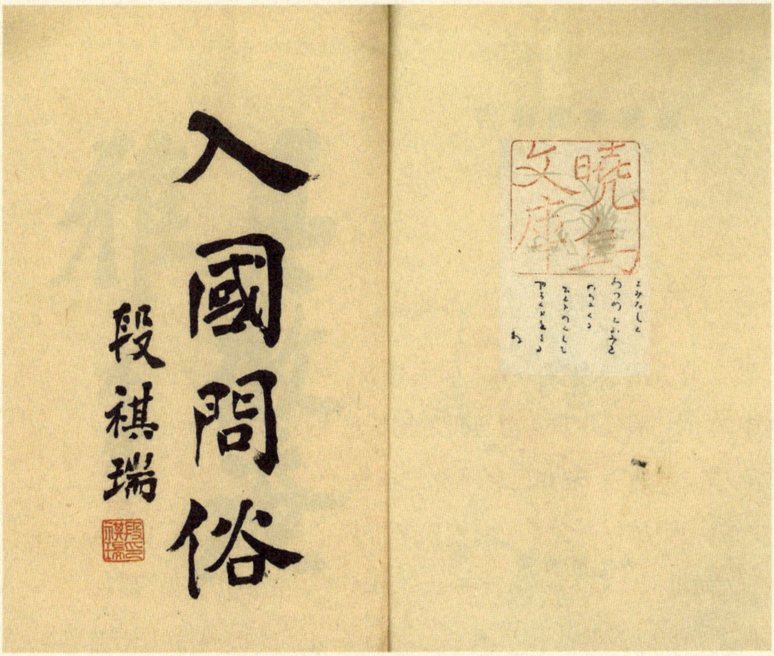

《吉祥图案解题》（『吉祥図案解題：支那風俗の一研究』）插图，野崎诚近著，日本昭和十五年（一九四〇）平凡社再版。

《吉祥图案解题》上下册，是日本学者野崎诚近关于中国风俗研究的著作，内收中国传统吉祥图案一百八十五个种类，四百四十余幅。陈宝琛署名，书前有段祺瑞大字题词："入国问俗"。中国传统吉祥图案在民间广泛流传，通常采用人物、花卉、飞禽、走兽、器物和字体等形象，以吉祥语、民间谚语、神话故事为题材，用借喻、比拟、双关、象征等表现手法，创造出图案和吉祥语的完美结合，凝结着古人向往、追求美好生活的愿望。

"太平有象"，通常以象和宝瓶的具象（上页右图）或抽象（上页左图）形式出现，可用于画稿、器物造型、家具建筑装饰等，寓意为"天下太平，万物安宁"。象为瑞兽，持重稳行，又与"祥"字谐音，瓶谐音"平"。历代帝王常以铜、玉、瓷等材质御制"太平有象"器型，或陈于厅堂之中，或置于案台之上，以求"四海升平、吉祥平安"。

这样一本民间图样集锦，有了段祺瑞的题词，其立意主题似乎立刻拔高了不少。

十恶不赦
不能赦免的到底是哪十种“恶”？

“十恶不赦”这个成语用来形容一个人罪大恶极，不可饶恕。但是在今天，“十恶不赦”中的“十恶”并非实指，而是泛指重大的罪行，也就是说，“十恶不赦”到底有哪“十恶”，现在已经不详细追究了。

不过在古代中国，刑法中“十恶”的指向却非常明确。据《隋书·刑法志》载：“(北齐)列重罪十条：一曰反逆，二曰大逆，三曰叛，四曰降，五曰恶逆，六曰不道，七曰不敬，八曰不孝，九曰不义，十曰内乱。其犯此十者，不在八议论赎之限。”所谓“八议”，又称“八辟”，是指为宗室之亲、封爵者等八种特殊身份的人所订的减刑法律，而上述十条重罪则不在减刑之列。

到了隋文帝开皇元年(581)，“十恶”之名才正式进入中国的律法，“十恶”遂成为沿革久远的刑名。《隋书·刑法志》载：“置十恶之条，多采后齐之制，而颇有损益。一曰谋反，二曰谋大逆，三曰谋叛，四曰恶逆，五曰不道，六曰大不敬，七曰不孝，八曰不睦，九曰不义，十曰内乱。犯十恶及故杀人狱成者，虽会赦，犹除名。”《唐律疏议》中议论说：“周齐虽具十条之名，而无十恶之目。开皇创制，始备此科。”就是指隋文帝开皇元年的“十恶”之名。

隋唐的“十恶”跟北齐的“重罪十条”稍有不同，以下根据《唐律疏议》，对“十恶”稍加注释。

一曰谋反，企图推翻现政权。这一条历来都是“十恶”之首。

二曰谋大逆，危害君父、宗庙、宫阙等罪行。

三曰谋叛，背叛朝廷。

四曰恶逆，殴打及谋杀祖父母、父母，杀死伯叔父母、姑、兄、姊、外祖父母、夫、夫之祖父母及父母。

五曰不道，杀死一家非死罪三人，将人肢解，造毒物杀人，用邪术诅咒人。

六曰大不敬，冒犯皇帝的尊严，偷盗皇帝祭祀的器具和皇帝的日常用品，伪造御用药品以及误犯食禁，皇帝所乘的舟船造得不牢固导致败坏，等等。

七曰不孝，对祖父母或父母不孝。

八曰不睦，亲族之间互相伤害。

九曰不义，杀本属府主、刺史、县令、现受业师；吏卒杀本部五品官以上官长；闻夫丧匿不举哀，守丧期间作乐、穿吉服及改嫁。

十曰内乱，亲族之间通奸或强奸。

隋唐之后，“十恶”就成为古代社会不可饶恕的重罪，“十恶不赦”也成了人们的口头禅。

《通俗水浒传豪杰百八人之一个 行者武松》(『通俗水滸伝豪傑百八人之一個 行者武松』)，歌川国芳绘，一八四七—一八五二年。

歌川国芳（1798—1861），号一勇斋、朝樱楼，是浮世绘歌川派晚期大师之一。他擅长武者绘、猫绘、鬼怪画，风格新奇大胆。1827年开始创作著名的水浒传豪杰百八人系列，勾画细腻，色彩浓烈，个性生动，极受欢迎。这一幅画的是行者武松。为逃避官府追捕，武松作头陀打扮，画中是一副傲啸山林的好汉模样。

武松原非“刁民”，他为兄报仇后自首，之后经历醉打蒋门神、血溅鸳鸯楼、落草二龙山，一路反上梁山，扯旗聚义，从打虎英雄变为谋反作乱的“恶人”。虽然梁山泊好汉们大多身负多条“不赦”大罪，但后来也都受了招安，反替朝廷去征讨造反的方腊了。武松的结局是出家六和寺，享年八十善终。

通俗水滸傳豪傑百八人之内
行者武松
一勇斎
國芳画

三令五申
古代军事有哪“三令”、哪“五申”？

“三令五申”这个成语的意思是再三地命令与告诫。为什么叫“三令五申”？何谓“三令”？何谓“五申”？这个成语的含义很丰富，可不是字面上看起来的这么简单。

“三令五申”一词出自《史记·孙子吴起列传》。著名军事家孙武刚到吴国的时候，吴王阖闾请他用宫中的美女演习兵法，孙武将一百八十名美女分成两队，队长分别由吴王最宠爱的两位宠姬担任，各持一支长戟。开始操练之前，孙武先“三令五申之”，然后击鼓命令她们向右转，众美女纷纷大笑。孙武说：“约束不明，申令不熟，将之罪也。”把责任揽到了自己头上。然后又一次“三令五申而鼓之左”，击鼓向左转，众美女又是笑成一片。这一次孙武不再客气，说：“约束不明，申令不熟，将之罪也；既已明而不如法者，吏士之罪也。”命令将两位队长斩首示众。吴王远远望见，大惊，急忙劝阻。孙武回答说：“臣既已受命为将，将在军，君命有所不受。”于是立斩了两位宠姬，重新任命了队长。再次操练的时候，众美女再也不敢儿戏了，人人战战兢兢，中规中矩。吴王阖闾遂拜孙武为将，吴国得以崛起。

由此可知，“三令五申”原是军令，具体内容在北宋《武经总要》中有详细的说明。《武经总要》是曾公亮和丁度两位大臣奉宋仁宗之命，花费五年的时间编成的，是中国第一部规模宏大的官修综合性军事著作。“三令”和“五申”列入该书“教条十六事”中，属于临阵时的军令：“一令：观敌

《新镌陈眉公先生批评春秋列国志传》插图『孙武子发兵伐楚』，明代余邵鱼编，陈眉公评，明万历四十三年（一六一五）姑苏龚绍山刊本。

《春秋列国志传》起于“苏妲己驿堂被魅”，终于秦一统天下，是一部民间平话色彩较浓的历史演义。陈眉公即陈继儒（1558—1639），明代文学家和书画家，字仲醇，号眉公、麋公，华亭（今上海松江）人。

“孙武子发兵伐楚”一章紧跟在“孙武子吴宫操女兵”之后。孙武斩了吴王二爱妃严明军令，将女兵操练得中规中矩：“女兵已习法度，惯知方向，虽驱之赴汤蹈火，亦无所避耳！”吴王于是封孙武为上将军，都督内外诸军事，发十二万精兵西征伐楚。画面上的军士显得很精神，是训练有素的模样。

人之谋，视道路之便，知生死之地；二令：听金鼓，视旌旗，以齐其耳目；三令：举斧钺，以宣其刑赏。”意思很明白，不再注释。此之谓“三令”。“一申：申赏罚，以一其心；二申：视分合，以一其途；三申：昼战戒旌旗；四申：夜战听火鼓；五申：听令不恭，视之以斧钺。”此之谓“五申”。可见，“三令”和“五申”都是士兵要牢记的军令，如果记不熟，上了战场不光影响本方军队的战阵，还会丧命，因此需要“三令五申”，命令和告诫士兵们牢记。

随着时代的变化和词义的演变，“三令五申”早已经不再具备军令的内涵，而是泛用于上级对下级的反复命令和告诫，“三令”和“五申”的具体内容也不再为人所熟知了。

半截入土
原来指已过半年

“半截入土”这句俗得不能再俗的日常俗语，用来比喻人老得已经快要到寿终的时候了。这句俗语的描述看似非常形象，但仔细一想问题就出来了：哪个人会闲得无聊，在地上刨个坑，然后站进去比画一下自己的下半截身体入土呢？既然不会有人这么做，那么“半截入土”这一形象到底是怎么来的呢？

原来，这个成语出自苏轼所著《东坡志林》一书，在该书的第十二卷，苏东坡给著名诗僧道潜讲述了一个有趣的故事：“桃符仰视艾人而骂曰：‘汝何等草芥，辄居我上！’艾人俯而应曰：‘汝已半截入土，犹争高下乎！’桃符怒，往复纷然不已。门神解之曰：‘吾辈不肖，方傍人门户，何暇争闲气耶！’”

南朝梁学者宗懔所著《荆楚岁时记》载：“（正月初一）造桃板着户，谓之仙木……帖画鸡户上，悬苇索于其上，插桃符其傍，百鬼畏之。”古人辞旧迎新的时候，要用两块桃木板画上两位门神神荼和郁垒的样子，将画有鸡的纸贴在门上，然后把苇草编成的苇索悬挂于其上，再把桃符插在门的两边，可以起辟邪的作用。

《荆楚岁时记》又载：“五月五日……采艾以为人，悬门户上，以禳毒气。”古人认为五月是毒月，要采来艾草扎成人形，悬挂于门上，以祛除毒气。“禳（ráng）”是祈祷消除灾殃的意思。

在苏轼所讲的这个故事中，显然已经过了五月五日，艾人悬挂起来非止一日。桃符插在门框两边，艾人悬挂在门户上方，桃符需要仰视艾人，因此非常生气，才口出恶言；艾人则讽刺桃符说，今年已经过了半年，你尚有下半年的寿命，到了辞旧迎新之际，主人就要把你换掉，埋进土里去了。这就是“半截入土”的原始含义。

更有趣的是，桃符上的两位门神神荼和郁垒被吵得烦闷，看不下去，于是做起了和事佬，从他俩的劝解之言中又诞生了一个成语“傍人门户”，而且实在是这几位辟邪之物的如实写照。

不过，从这个故事中产生的“半截入土”和“傍人门户”这两个日常俗语和成语，今天只具有比喻义了。

《端阳故事图册》之『悬艾人』，清代徐扬绘，绢本设色，北京故宫博物院藏。

徐扬，生卒年不详，江苏苏州人，清代乾隆时期宫廷画家。擅长人物、界画、花鸟草虫，写实功力深厚。

《端阳故事图册》共八幅，分别描绘了端午佳节各地民俗，包括射粉团、赐枭羹、采药草、养鸲鹆、悬艾人、系采丝、裹角黍、观竞渡。“悬艾人”是荆楚一带的端午风俗，人家以艾草为人形悬挂在门户上，以禳毒气。图中艾人已挂于门上，家里的主妇携着孩童侍女正在端详指点。墙外垂柳，墙内花卉，皆是夏日风光。此图册构图严谨精妙，人物造型秀逸生动，线条遒劲流畅，色彩明丽典雅，显示出乾隆朝宫廷绘画工整清丽的笔墨特点。

以貌取人
这事儿竟然是孔夫子干的！

“以貌取人”是日常生活中的常态，因为见到一个人，首先看到的是这个人的相貌，相貌漂亮或者英俊，当然悦人眼目；相貌丑陋或者凶恶，当然让人的眼睛不舒服。“以貌”乃是人之常情，不过，如果仅仅“以貌”，而忽视了对方的才能或者内在的修养，那可就大大的不该了。故此，“取人”的时候万万不可“以貌”。

有史记载的第一位“以貌取人”的人不是别人，他就是咱们的至圣先师孔子老先生。孔子可是圣人哪，难道也会犯常人一样的错误？当然，在没有被神化之前，这位老爷子也是一位凡人，而且非常有人情味。他有一位学生，复姓澹台，名灭明，字子羽，比孔子小三十九岁，是鲁国武城人，《史记·仲尼弟子列传》形容他“状貌甚恶”，长得非常丑陋，最初拜孔子为师的时候，孔子看到他这副长相不像是能成大器的模样，心里很不乐意收他为弟子，就以才能微薄的名义拒绝了他。澹台灭明受到这番冷遇，毅然退出孔子弟子的行列，发奋求学，严谨修行。

后来，澹台灭明游历楚国各地后来到吴国，开办学校，聚徒讲学，从学弟子多达三百人。他德行高尚，学识渊博，仍尊孔子为宗师，传授孔子的学说，培养了一大批品学兼优的学生，他们形成了南方一个有影响的儒学学派，澹台灭明本人也因而贤名远扬于各诸侯国。

孔子听到澹台灭明的名声后，叹息道：“吾以言取人，失之宰予；以貌取人，失之子羽。”宰予也是孔子的学生，是弟子中唯一一个敢于正面对老师学说提出异议的人。比如他曾公开批评孔子倡导的“三年之丧”，认为为父母守丧三年时间太长，天下早就礼崩乐坏了，搞得孔子很不高兴。有一次宰予大白天睡觉，孔子看见后就骂他“朽木不可雕也”。因此孔子叹息以言取人，则不能重视宰予的优点；以貌取人，则看不到子羽的才能。

这就是“以貌取人”的原始出处。圣明如孔子尚且还犯下“以貌取人”的错误，普通人更应该小心谨慎，不要再犯同样的错误了。

《孔子弟子像》卷局部，传唐代阎立本绘，绢本设色，首都博物馆藏。

此《孔子弟子像》长卷流落海外数十年后辗转回国，曾藏于清宫内府，画题数变，后考订为“孔子弟子像图”，研究者认为应是宋代摹本。长卷上人物存五十九人，身份并未标明，从体貌对照，全卷之第三人为孔子，此后人物形态、顺序与北京故宫博物院藏宋代无款《七十二贤像》卷相仿。

此画卷设色素淡沉着，人物皆宽袍广袖，头大身短，剑眉凤眼，衣纹流畅，略带古拙，有六朝遗意。与宋代无款《七十二贤像》卷对照，推测各人物身份，这一部分图中四贤从右向左依次为：季次、子张、子舆、子羽（即澹台灭明）。画中子羽衣饰体貌与其他弟子相似，裹头巾，高鼻，凤目，侧面而立，除须眉较他人张扬，动作略显粗豪外，完全看不出哪里“状貌甚恶”，想必是画家出于对七十二贤的尊重加以美化了吧。

不分轩轾
“轩”和“轾”分别是什么东西？

“不分轩轾”是一个成语，意思是不分高下轻重。为什么会有这个意思？“轩轾”又是什么东西呢？

“轩”是前顶较高、后顶较低而有帷幕的车子；“轾（zhì）”则刚好相反，是前顶较低、后顶较高的车子。简言之，“轩”是前高后低，“轾”是前低后高。“轩轾”连用，即指高低、轻重、优劣。

《诗经·小雅·六月》是一首记述周宣王时期尹吉甫北伐猃狁（xiǎn yǔn）的诗，其中有这样的诗句：“戎车既安，如轾如轩。”南宋学者朱熹在《诗集传》中注解说：“轾，车之覆而前也；轩，车之却而后也。凡车从后视之如轾，从前视之如轩，然后适调也。”“戎车既安”的意思是战车已经准备停当；“如轾如轩”是说前后俯仰，调整到了最合适的状态，随时可以出击。

《后汉书·马援列传》中，马援向光武帝刘秀上书表白自己的心志，其中有这样的话：“居前不能令人轾，居后不能令人轩，与人怨不能为人患，臣所耻也。”“轾”前低后高向下倾斜，引申为看轻、轻视；“轩”前高后低，引申为抬高、高扬。马援的意思是说：我居于人前，别人不会看轻我；我居于人后吧，别人也不会看重我。言外之意就是说，我在别人眼中根本无足轻重，只能招人怨却不能成为别人的祸患，因此引以为耻。后人就从这句话中提炼出了“不分轩轾”这个成语。

“轩”既是前高后低，自然视野开阔，因此引申出高大之意。很多以“轩”

《诗经·小雅·南有嘉鱼篇书画卷》局部『蓼萧』，传宋高宗书、马和之绘，绢本长卷，美国波士顿艺术博物馆藏。

马和之，生卒年不详，钱塘人，南宋画家，官至工部侍郎。擅画人物、佛像、山水，被誉为御前画院十人之首。他自创柳叶描，行笔飘逸，着色轻淡，人称“小吴生”。宋高宗和宋孝宗曾书《毛诗》三百篇，命马和之每篇画一图，汇成巨帙。其作笔墨沉稳，结构严谨，笔法清润，景致幽深，较之平时画卷，更出一头地。该系列摹本众多，存世至今约十六卷，风格、水平不一，散藏于几大博物馆。

《蓼萧》是一首周天子宴请诸侯的乐歌，表达了诸侯对周天子的尊崇和歌颂。诗的第四章写远国之君车马之盛和周天子对其祝福之殷：“既见君子，鞗（tiáo）革冲冲。和鸾雍雍，万福攸同。”画面上远国诸侯拜见天子，车驾停于阶下，各各行礼如仪，此时马车上辔头饰物飘垂，銮铃悦耳。光景欢悦，蔼然。诸侯之车，自然是前高后低配饰精美的“轩”车了。

组成的词都跟这个意思有关，比如“器宇轩昂”是形容气概不凡、高大雄伟，“轩然大波”是形容高高涌起的大波涛，“轩眉”指高抬起眉毛。

固若金汤
“金汤”到底是什么东西？

“固若金汤”这个成语常用于比喻防御工事的坚固，但是“金汤”是什么东西？为什么可以用于比喻坚固呢？

原来，“金汤”是“金城汤池”的缩略语。金属打造的城墙当然坚固无比，是为“金城”；“汤池”指灌满了滚水的护城河。无水的护城河叫“隍”，有水的护城河叫“池”。

《汉书·食货志》中记载：“神农之教曰：‘有石城十仞，汤池百步，带甲百万，而亡粟，弗能守也。’”颜师古注解说：“以沸汤为池，不可辄近，喻严固之甚。”班固借用神农氏之口说：即使有高达十仞（八十尺）的石头城墙，百步那么广的汤池，百万带甲的兵士，可是如果没有粮食的话，这座城最终还是不可能守得住。

在《蒯通传》这篇传记中，班固讲述了蒯通游说的故事。秦末乱世，陈胜、吴广起义建立张楚政权之后，派武臣攻夺赵地，平民百姓蒯通借着这个机会，第一次出现在了历史舞台上。他前去拜见范阳令徐公，为徐公分析当前大势，劝说徐公投降武臣。徐公答应后，蒯通又去游说武臣，说道：“不战而屈人之兵才是打仗的上策。以范阳令徐公为例，假如他整顿士卒固守，您就要出兵攻城，但人都是贪生怕死之辈，徐公守不住了肯定会投降，到了那个时候投降，您的士卒个个怨气十足，您还能饶得了徐公吗？饶不了他，杀了他，其他地方的守将们就会说：‘徐公投降了还被杀。’他们就会据城坚守，‘皆为金城汤池，不可攻也’。不如用隆重的礼节迎接徐公，这个消息传出去后，其他地方的守将们就会说：‘徐公先投降，得到了富贵。’则一定会相率而降。”

武臣听了心悦诚服，派了一百辆战车，两百名骑兵，携带着封徐公为侯的印前去隆重地迎接徐公。果然不出蒯通所料，燕、赵之地三十余城闻风而降，虽“金城汤池”也没什么用处了。

颜师古注解说：“金以喻坚，汤喻沸热不可近。”后人于是就把“金城汤池”一词缩略作“金汤”，用“固若金汤”来比喻城池和阵地坚固异常，无法攻破。

《元曲选》插图『随何赚风魔蒯通』，明代臧懋循编，明万历时期刊本。

臧懋循（1550—1620），字晋叔，号顾渚山人，浙江长兴人，明代戏曲家、戏曲理论家，以编著《元曲选》而闻名。《元曲选》是一部元杂剧总集，元曲之集大成者，分为十集，共收剧一百种，又名《元人百种曲》。

这幅是甲集《随何赚风魔蒯通》一剧的插图。此剧原作者不可考，讲的是汉初萧何设计杀死韩信后，韩信手下谋士蒯通怕受株连而诈疯，被刘邦派来的随何识破，蒯通只得随之入朝。刘邦欲杀之，蒯通用韩信有“十罪三愚”之说，为韩信鸣冤。最后刘邦恢复了韩信的爵封，并给予蒯通封赏。蒯通为韩信辩护一段，曲辞慷慨激昂，情节步步曲折，故该剧是以辩士为主角的杂剧中成就极高的一部。

文不加点
这个“点”是指标点吗？

人们常常会把“文不加点”误解成文章写得非常快，中间连加标点符号的工夫都没有。这个误解是不了解“点”的含义，也不了解古书中的断句方法所致。

古时候没有我们现在所用的标点符号，而是用“句读”来做标记。文辞语意已尽的地方为“句”，未尽需要停顿的地方叫“读（dòu）”。反映到书面上，“句”用圈（“○”）来表示，“读”用点（“、”）来表示。不过“文不加点”的“点”可不是这个逗点，因为这个逗点不叫“点”，而叫“读”。

在“文不加点”这个成语中，“点”是动词，用笔将字涂掉叫“点”。《尔雅·释器》中说：“灭谓之点。”晋代学者郭璞注解说：“以笔灭字为点。”因此，“加点”就是加以涂改、加以改动的意思，相应地，“文不加点”就是写文章一气呵成，再也不需要加以修改了。

古人“文不加点”的例子很多，比如唐人徐坚所撰《初学记》卷十七引张衡《文士传》：“吴都张纯，少有令名，尝谒镇南将军朱据，据令赋一物，然后坐，纯应声便成，文不加点。”

最著名的例子是东汉末年的名士、曾经“击鼓骂曹”的祢衡。祢衡时任江夏太守黄祖的书记，做文书方面的工作。黄祖的长子黄射和祢衡友善，有一次黄射大会宾客，有人献上一只鹦鹉，对祢衡说：“窃以此鸟自远而至，明慧聪善，羽族之可贵，愿先生为之赋，使四座咸共荣观，不亦可乎？”祢衡二话不说，“笔不停缀，文不加点”，写就了一篇著名的《鹦鹉赋》，借鹦鹉表达了生不逢时的遭遇。“文不加点”这个成语也被祢衡用在这篇赋的自序之中，可见祢衡的自负。

山高水長物象千萬非有老筆清壯何窮十八日上
陽臺書太白

太白此帖語文集所不載宋徽宗跋乘興踏月云云別是一帖
見於宣和書譜蓋泛論白書非专指是帖也觀其筆氣豪逸
非他人所能贋託張晏以下諸跋亦皆可據貫爲青蓮遺墨不妄
耳惟字蹟間有殘缺者因爲釋文并識之丙申初冬御筆

太白嘗作行書乘興踏月西入
酒家不覺人物兩忘身在世外
一帖字畫飄逸豪氣雄健乃知
白不特以詩鳴也

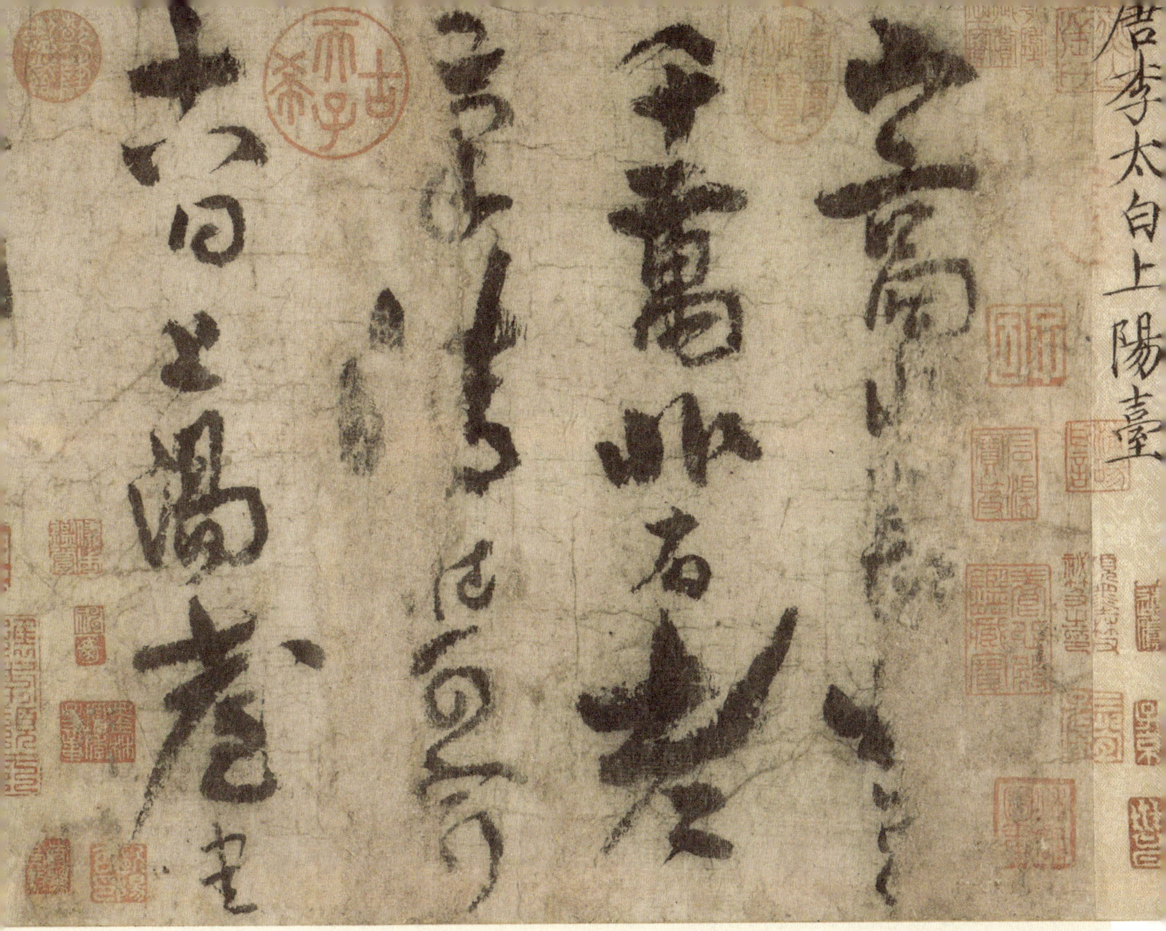

《上阳台帖》，草书，唐代李白书，北京故宫博物院藏。

“李白一斗诗百篇”，论才思之敏捷，无出其右。《上阳台帖》是李白唯一传世的书法真迹，书自咏四言诗：“山高水长，物象千万，非有老笔，清壮何穷。”“山”是王屋山，“老笔”是指司马承祯的作品，对山水的赞叹，对司马承祯的仰慕，皆在其中。宋徽宗跋文曰：“太白尝作行书‘乘兴踏月，西入酒家，不觉人物两忘，身在世外’一帖，字画飘逸，豪气雄健，乃知白不特以诗鸣也。”全卷苍劲雄浑而又气势飘逸，用笔纵放自如，快健流畅，不拘一格，可以想见李谪仙挥毫时文不加点、一气呵成的豪迈洒脱。

引车卖浆
到底是什么职业？

古代中国有“引车卖浆者流”的习用称谓，泛指做小买卖的平民百姓，但“引车”和“卖浆”到底都是什么职业，很多人却说不上来。有些辞典把“引车”解释为拉大车的，这属于典型的望文生义；而把“卖浆”解释为卖豆浆，同样是错误的。

先说“引车”。“引车”并不是拉大车，“引”指调转方向。据《史记·魏公子列传》记载，魏国有一位七十岁的隐士侯嬴，家贫，担任都城大梁东门的看门人。被封为信陵君的魏公子无忌听说后，亲自前去迎接他，侯嬴不客气地上坐，又提出要见他的朋友朱亥的要求。朱亥是“市屠”中人，也就是市场里的屠夫，地位同样十分低下，但“公子引车入市”，意即信陵君调转车行的方向，陪同侯嬴去探望朱亥。此之谓“引车”，形容信陵君为了得到侯嬴的信任而进入贩夫走卒所居的市集。

再说“卖浆”。什么叫“浆”？据《周礼》记载，周代有“酒正”一职，职责之一是“辨四饮之物：一曰清，二曰医，三曰浆，四曰酏”。这是周天子的四种日常饮料。“一曰清”，“清”指滤去酒糟的甜酒；“二曰医”，“医”指梅浆，梅子的浆汁，也就是今天常喝的酸梅汤，也有人说是用粥加曲糵酿成的甜酒；“三曰浆”，“浆”指酢（cù）浆，一种含有酸味的饮料，也有人说是“水米汁相将”的米汤；“四曰酏”，“酏（yǐ）”指很清的稀粥，也有人说是将麦芽糖溶于水制成的甜饮。

此外，周代还有“浆人”一职，职责之一是“掌共王之六饮，水、浆、醴、凉、医、酏，入于酒府”。这是周天子的六种日常饮料。第一种是水；第二种是浆；第三种是“醴（lǐ）”，即甜酒；第四种是“凉”，指薄酒，也有人说是将米、麦炒熟后捣成粉末，用凉水搅拌做成的薄粥；第五种是医；第六种是酏。此“六饮”又称“六清”，因为这六种饮料的共同特点是味道清淡。

张舜徽先生在《说文解字约注》一书中写道：“古无茶，浆乃常饮物，故言饮者必及焉。盖浆亦以米为之，似酒而非酒者。其味必酢，所以止渴也。”周天子的专用饮料传入民间，最受欢迎的就是“浆”，这是因为“浆”比水有味道，同时成本又最低、最便宜的缘故，因此“浆”就成为与饭和酒并列的古人生活中最重要的饮料，于是后来就把捣作汁液状的所有饮料都称作“浆”，比如《汉书·礼乐志》载当时的《郊祀歌》中有“泰尊柘浆析朝酲”的诗句，东汉学者应劭注解说：“柘浆，取甘柘汁以为饮也。酲，病酒也。析，解也。言柘浆可以解朝酲也。”“朝酲（chéng）”的意思是昨夜醉酒，今早起来仍然病酒未解，而饮用甘蔗汁就可以解酒。这就是把甘蔗汁称作“浆”的例子。

信陵君“引车”而罗致的侯嬴和朱亥，后来在著名的“窃符救赵”故事中发挥了巨大的作用。公元前257年，秦军围困赵国都城邯郸，魏王不敢出兵相救，于是信陵君采纳了侯嬴的建议，借魏王的宠姬如姬之手窃得兵符，朱亥则椎杀了将军晋鄙，信陵君遂夺取兵权，救了赵国，但也因此无法回国，只好留在赵国。

“公子闻赵有处士毛公藏于博徒，薛公藏于卖浆家。”“博徒”即赌徒，同“卖浆”一样都属于贱业，但信陵君求才心切，亲自前去拜访这两位隐士。这一举动被赵国的平原君讥讽为“妄从博徒卖浆者游”，他显然不懂得信陵君的博大胸怀。后人因此把信陵君“引车入市”寻访肉屠、博徒和卖浆家的求贤若渴之举浓缩为“引车卖浆”一语，不仅用来称呼做小买卖的平民百姓，而且也褒扬了信陵君的美德。

由信陵君的故事也可见“卖浆”是一种常见的职业。《庄子·杂篇·列御寇》篇中记列御寇的话说：“吾尝食于十浆，而五浆先馈。”我曾在十家浆店里饮用，却有五家先给我送来了。尚秉和先生在《历代社会风俗事物考》一书中评论道：“今所谓竞卖也。周时载记不见有卖他食物者，而卖浆者独多。浆者，饮料，古无茶，似以此供过客行旅之用也。”

这就是“引车卖浆”这个成语的由来，犹如说“引车而入卖浆之家”，绝不是指拉大车的和卖豆浆的两种职业，而是由信陵君的故事引申而来的泛指。

《净琉璃町繁荣之图 莺饼屋他》（『浄るり町繁栄の図 鶯餅屋他』），歌川广重绘，一八五二年。

《净琉璃町繁荣之图》系列共七个场景，描绘了日本江户时代浅草寺一带繁华的商业活动。这个系列在广重的作品中不算十分有名，不过充分展现了绘者冷静细致的观察力，即便描绘市肆繁荣也带有广重特有的静谧色调。这一幅中，人群熙攘，百货杂陈，有小贩与客人笑语似讨价还价，有路人似被空中坠物砸到，有弹着三味线的少女，其余打酒、送茶、买蔬菜、试木屐，细节纷呈，似一出无声电影。

白衣卿相
原来是推重进士的称号

北宋著名词人柳永《鹤冲天》词中有这样的名句："才子词人，自是白衣卿相。"喜欢看古装电视剧或古典戏曲的读者朋友也常常会听到"白衣卿相"的称谓。"白衣"是古代平民的服饰，也指没有功名或官职的士子。一般辞典对"白衣卿相"的解释是：指尚未发迹的读书人。这种解释不完全准确。

科举制度始于隋代。唐代科举分为"常科"和"制举"。"常科"即惯常、正常的考试科目；"制举"又称"制科"，即临时设置的考试科目，目的是选拔特殊人才。"常科"中最重要的是进士、明经两科。顾名思义，"明经"即明习儒家经典，"进士"则考诗赋和时事策论。进士科比明经科要难得多，而且录取率也低得多，因此进士科最重要，地位也最尊贵。

唐人李肇所著《唐国史补》中记载："进士为时所尚久矣，是故俊乂实集其中，由此出者，终身为闻人。""俊乂（yì）"即贤才。五代学者王定保《唐摭（zhí）言》中记载："缙绅虽位极人臣，不由进士者，终不为美，以至岁贡常不减八九百人。其推重谓之'白衣公卿'，又曰'一品白衫'，其艰难谓之'三十老明经，五十少进士'。"可见唐人对进士的推重。在《唐摭言》一书中，王定保还记载了唐太宗的一则趣事："尝私幸端门，见新进士缀行而出，喜曰：'天下英雄入吾彀中矣！'""彀（gòu）"意为张弓，"彀中"则指弓箭所能射及的范围。唐太宗见新进士而心喜，与唐人推重进士如出一辙。

“白衣卿相”的称谓即由“白衣公卿”和“一品白衫”而来，但并非泛泛用来称呼尚未发迹的读书人，而是对参加进士科考试的士子的特定称号，因为一旦进士及第，仕途一片光明，前途远大，假以时日就可以官至一品，虽然今天还穿着无官无职的白衫。

过于推重进士也有弊端，人人都想经由进士科出身，结果导致了王定保总结的一个怪象：“其有老死于文场者，亦所无恨，故有诗云：‘太宗皇帝真长策，赚得英雄尽白头！’”

后人将“白衣卿相”的称谓扩大化，只要是尚未得中功名的读书人，一概美称为“白衣卿相”，虽然是对读书人的鼓励之词，但已经远离其本义了。

《古今小说》卷十二插图『众名姬春风吊柳七』，明代冯梦龙编，明代刊本，图据日本法政大学图书馆藏本。

冯梦龙，明代长洲（今江苏苏州）人，文学家、戏曲家。《古今小说》是《喻世明言》的初刻本，它和《警世通言》《醒世恒言》并称“三言”，是宋、元、明三代“话本”与“拟话本”的重要选集，共四十卷，每卷一个小故事。

《众名姬春风吊柳七》是根据真人真事编写的传记小说。北宋婉约派大词人柳永，名三变，字耆卿，排行第七，所以又称柳七。他仕途坎坷，两次应考不中，落榜后流连秦楼楚馆，写了一首牢骚极盛的《鹤冲天》，中有“才子词人，自是白衣卿相……忍把浮名，换了浅斟低唱”之句，宋仁宗听说，斥曰：“且去浅斟低唱，何要浮名？”柳永自是厌薄官情，自称“奉旨填词柳三变”，以毕生精力作词，“凡有井水处，即能歌柳词”。这篇小说便据此敷衍改编而来。柳永官场失意，却被歌姬舞女所敬重，以至清明祭奠其墓成为青楼风俗，也不愧“白衣卿相”之名了。

奉聖旨填詞柳三變之墓
樂遊原上妓如雲尽上
風流柳七墳可笑紛紛
縉紳輩憐才不及衆
紅裙

皮里阳秋
本来是褒奖人有气度

“皮里阳秋”这个成语本来写作“皮里春秋”，到了东晋，简文帝司马昱的母亲郑太后名叫阿春，为了避她的讳，才改为“皮里阳秋”。“皮”指外表，“里”指内心，“春秋”即孔子所修的史书《春秋》。“皮里阳秋”的意思就是表面上不作评论，内心却有所褒贬。《春秋》为什么会有褒贬之意呢？

《春秋》是鲁国史书，相传为孔子所修，后来成为儒家经典之一。经学家们认为《春秋》一书每用一字，必寓褒贬，因此而把行文曲折但是暗含褒贬的文字称作“春秋笔法”。《左传》的作者左丘明曾经概括过这种“春秋笔法”：“《春秋》之称，微而显，志而晦，婉而成章，尽而不污，惩恶而劝善，非贤人谁能修之？”称颂“春秋笔法”用词细密而含义显豁，如实记载而含蓄深远，婉转而有条理，穷尽而无所歪曲，惩恶而劝善。

孔子修《春秋》一书，讲究的是微言大义，深刻的道理要包含在含蓄微妙的言语之中，因此行文中不直接阐述对人物或事件的看法，而是通过细节描写、修辞手法和材料的筛选，委婉而微妙地表达自己的褒贬之意。这是古人修史的独特之处。但也正因如此，孔子去世后，《春秋》中的微言大义再也没有人懂得了，后世才涌现出许许多多阐述孔子微言大义的著作。

后人常常把“皮里春秋”或“皮里阳秋”用作贬义词，比喻人虚伪，当面不愿作评论，以免得罪人。比如《红楼梦》中薛宝钗咏螃蟹的诗作：“桂霭桐阴坐举觞，长安涎口盼重阳。眼前道路无经纬，皮里春秋空黑黄。”就是对那些无法无天、诡计多端的世人的刻毒讽刺。

不过，“皮里阳秋”更早的时候却用作褒义词，古人讲究礼节，当面指摘别人的缺点当然不符合礼节。《世说新语·赏誉》篇中载：东晋官员桓彝称赞名士褚季野“皮里阳秋”，谢安也称赞他“虽不言，而四时之气亦备”，“四时之气”指一年四季的气象，比喻人的气度弘远，因此可见褚季野做人非常有气度，心里明白是非曲直，但口头上决不轻易褒贬。

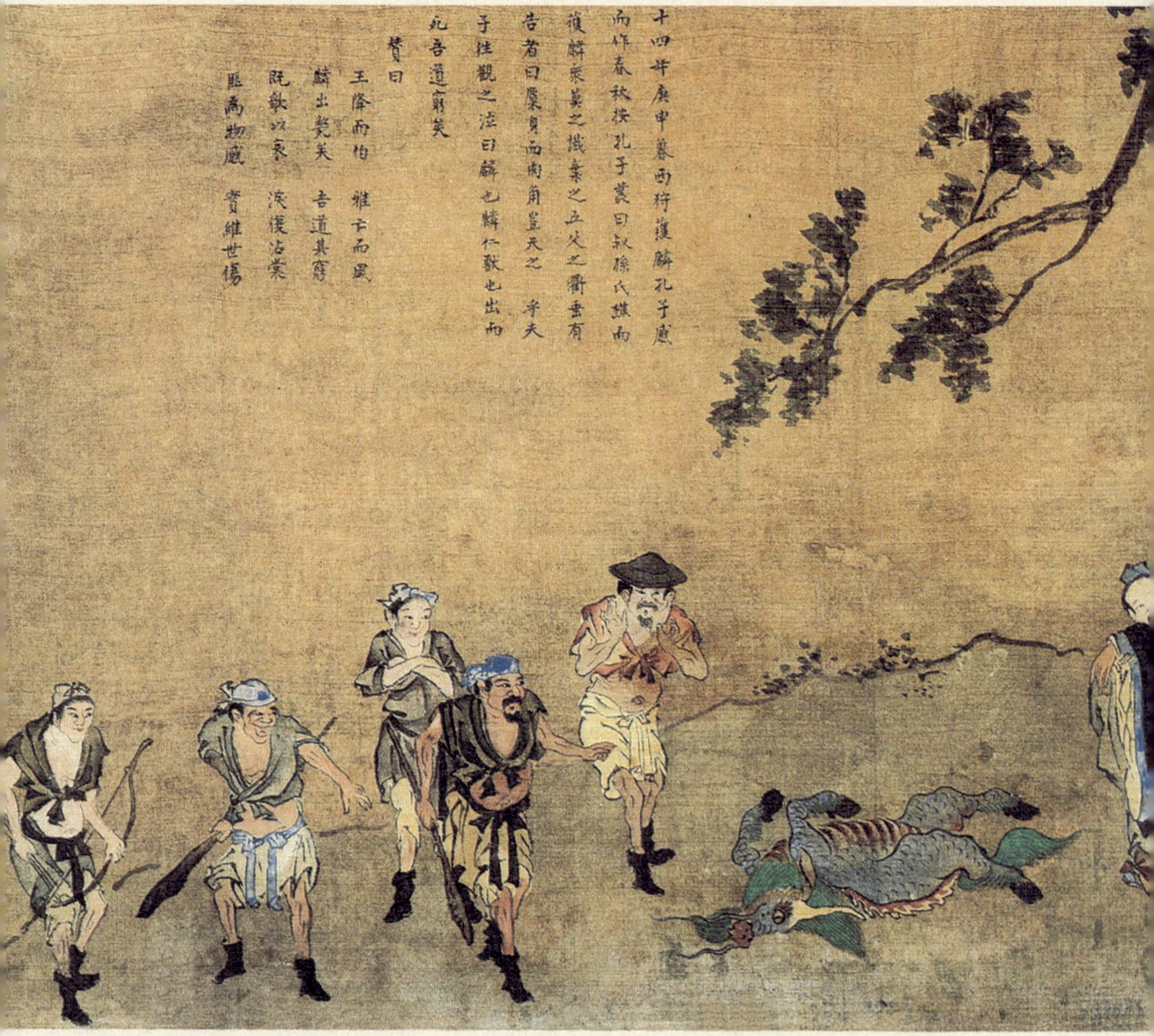

十四年庚申暮西狩獲麟孔子感
而作春秋按孔子叢曰叔孫氏樵而
獲麟衆莫之識棄之五父之衢冉有
告者曰麇身而肉角豈天之 妖乎夫
子往觀之泣曰麟也麟仁獸也出而
死吾道窮矣
贊曰
王降而伯 雅亡而風
麟出斃矣 吾道其窮
既獸以哀 淚復沾裳
匪爲物感 實維世傷

《孔子圣迹图》之『西狩获麟』，清代焦秉贞绘，绢本设色，美国圣路易斯美术馆藏。

焦秉贞，生卒年不详，字尔正，山东济宁人，清代宫廷画家。擅画人物，参酌西法，注重明暗晕染和远近透视，在工笔重彩画法中创立新格。《孔子圣迹图》主要取材于《史记·孔子世家》，亦兼采《孔子家语》《论语》和《孟子》等，因事绘图，缘图配文，描绘了孔子一生行迹。

《春秋》又称《麟经》或《麟史》，始于隐终于哀，绝笔于获麒麟之季，故谓之麟书。传说鲁哀公十四年，鲁国猎获了一只麒麟，孔子听说以后非常伤心，曰："吾道穷矣！"又喟然叹曰："莫知我夫！"就终止了《春秋》的写作，这就是"绝笔于获麟"或曰"西狩泣麟"的故事。虽然此事是后人渲染的，但孔子不得其时的自伤，对周道不兴的悲慨，在"泣麟"这一幕中表现得感人至深。

正襟危坐
“危坐”到底是怎样的坐姿？

“正襟危坐”这个成语是形容人和人相处时的拘谨或者严肃之态。“正襟”是指拉一拉衣襟使其端正，今天穿西装的人经常会做这个动作，即“正襟”的遗制；“危坐”到底是怎么坐？相信很多人都不了解“危坐”的细节。

众所周知，魏晋以前，古人皆席地而坐。地上先铺一层“筵”，“筵”上再铺“席”，筵大于席，作用是使坐在席上的人接触不到地面，因此古人入室必先脱鞋。

而古人的坐姿则分为两种，一种就叫“坐”。这种“坐”可不同于今天的垂腿而坐，而是两膝着地，臀部压在脚跟上。朱熹曾解释这种坐姿为：“两膝着地，以尻着膝而稍安者为坐。”换言之，“坐”是指屁股坐在脚后跟上，身体向后而两膝向前，可想而知这种坐姿很舒服，即朱熹所说的安逸之状。《仪礼·士相见礼》中的描述则是：“坐则视膝。”采用这种坐姿，因为身体向后的缘故，能够看到自己的两膝。

第二种叫“跪”。东汉学者刘熙所著《释名·释姿容》中解释说：“跪，危也。两膝隐地，体危隉也。”“隉（niè）”和“危”是同义字，都是形容因身体高耸而显得不安的样子。朱熹则解释说：“伸腰及股而势危者为跪，因跪而益致其恭。”两膝着地，臀部抬起，伸直腰股，以示尊敬。这种坐姿因为身体挺直的缘故，人看不到自己的两膝，又称“长跪”“跽（jì）”。“长跪”的“长”并不是指跪了很长时间，而是形容伸直腰股，上身好像加长了一样。跽，“见所敬忌，不敢自安也”，也是表示尊敬之意。

《人镜阳秋》卷三『柳下惠』插图，明代汪廷讷撰，明万历二十八年（一六〇〇）新都汪氏环翠堂刊本。

汪廷讷，明代戏曲作家，安徽休宁人，生卒年不可考。与汤显祖、李贽、陈继儒等交往甚密，生性恢谐幽默，酷信释道，诗词曲皆善。《人镜阳秋》书名取“以人为镜，可以知得失”之意，从古代史书中辑录有名的人物典故，分忠孝节义四部，一人一传一图。插图由汪耕绘图，黄应组手刻，为徽派版画杰作。

这一幅描绘了柳下惠坐怀不乱的故事。柳下惠是春秋时期鲁国人，姬姓，展氏，名获，字子禽，因其封地在柳下，谥号为“惠”，故名。相传在一个寒冷的夜晚，大雨倾盆，柳下惠宿于郭门，有一个女子也来投宿，柳下惠恐她冻死，叫她坐在怀里，解开外衣把她裹紧，如此同坐了一夜，并没发生非礼行为。画面上男子将女子抱个满怀，两人皆是坐姿，女子娇怯，男子闭目塞听，外面阴云密布，月黑风高。柳下惠虽没有“正襟危坐”，却是历代传颂的正人君子。

所谓“危坐”，指的就是这种跪姿。“危”是端正之意，“危坐”即端坐，正坐。《史记·日者列传》载，西汉时，宋忠任中大夫，贾谊任博士，有一次二人游于卜肆，即占卜的铺子，听楚人司马季主侃侃而谈，“分别天地之终始，日月星辰之纪，差次仁义之际，列吉凶之符，语数千言，莫不顺理”。

紧接着，司马迁生动地写道：“宋忠、贾谊瞿然而悟，猎缨正襟危坐。”古人必戴冠，冠有冠缨，也就是带子，用来系在颔下，起固定作用。“猎缨”指用手把冠缨收揽捋齐，然后正襟危坐，聆听司马季主的教诲。二人“猎缨正襟危坐”之前的坐姿，一定是第一种“坐”，听到司马季主如此渊博，方才“瞿然而悟”，赶紧从“坐”改为“跪”，以示尊敬。

魏晋之后方才有垂腿而坐的坐姿，跟今天一样。垂腿而坐，上半身虽然也能挺腰“危坐”，但尊敬或者严肃的意味比古时已经差得太远了。

当头棒喝

“棒”和“喝”原来是禅宗的两种顿悟方式

“当头棒喝”泛指促人醒悟的手段或给人严重警告。这是佛教禅宗祖师对弟子的两种施教方式：“棒”是当头给一棒，“喝”是大声喝叱让弟子回答，以此考验弟子领悟佛理的程度。

“棒”称为“德山棒”，是唐代德山宣鉴禅师常用的施教方式。宣鉴禅师在法会上对众人说：“道得也三十棒，道不得也三十棒。”有僧人出来向他礼拜，宣鉴禅师挥棒便打。僧人问他为什么要打，宣鉴禅师回答道：“你为什么要开口问呢？”有人问：“什么是菩萨？”宣鉴禅师立刻用棒子打他：“出去！别到这里来拉屎！”再问：“什么是佛？”宣鉴禅师回答：“佛是西天老骚狐。”种种骇人耳目的回答都出自宣鉴禅师之口。

这是禅宗特殊的接引方法，禅宗认为佛法不可思议，开口便错，用心即乖，棒打就是要打掉弟子心目中固有的修行意念，以及各种崇拜的迷信教条，使弟子脱离日常的思维轨道，以达到顿悟的目的。比如雪峰禅师就曾说过：“我在德山棒下，似脱却千重万重贴肉汗衫。”

“喝”称为“临济喝”，是唐朝临济义玄禅师常用的施教方式。当弟子向他询问佛法的究竟时，义玄禅师常常大喝一声，期望喝开弟子的心智。义玄禅师有一次问一个僧人：“有时一喝如金刚王宝剑，有时一喝如踞地狮子，有时一喝如探竿影草，有时一喝不作一喝用，你对此怎么领会？”僧人正在迟疑，禅师便对他大喝一声。

义玄禅师门下弟子常常模仿禅师的喝，但却不了解喝的意义和作用，因此有一次义玄禅师对弟子说："你们总是学着我大喝，今天我要考考你们。假如一个人从东堂出来，另一个人从西堂出来，两人同时大喝一声，那么你们能分辨出来哪个是主哪个是宾吗？如果分辨不出来，以后就不要学我喝了。"

"临济喝"和"德山棒"的作用和意义是一致的，因此在禅宗史上两者并称："德山棒如雨点，临济喝似雷奔。""德山棒，临济喝，留与禅人作模范。"两者合称为"当头棒喝"。

《临济僧》，下村观山绘，一九一二年，绢本设色，美国波士顿艺术博物馆藏。

下村观山（下村観山，1873—1930），日本明治末期至昭和初期的著名画家，师从狩野芳崖和桥本雅邦。这幅高僧顶相图描绘的是临济宗高僧“当头棒喝”的坐姿，据考证为马祖道一。高僧面容方正，手持长棒，正襟危坐，神情肃穆。

六祖以后，禅宗发展出五家七宗，各有千秋，德山棒、临济喝、云门饼、赵州茶是最为人津津乐道的禅门家风。1168年，日本滋贺县比睿山僧侣荣西到中国学习佛法，将临济宗禅法传入日本，“学徒云集，朝野尊尚”，其至今仍为重要禅宗流派。

美轮美奂
只能用来形容建筑物

“美轮美奂”是一个成语，可是却常常被人们用错，比如有人将这个成语写成“美仑美奂”，还有人写成“美伦美奂”，这都是不对的；而且人们使用这个成语的时候也经常出错，看到这个成语中的“美”，就以为所有“美”的东西都可以用它来形容，甚至竟然还有人用它来赞叹美女！真是滑天下之大稽！“美轮美奂”这个成语只能用在建筑物上，形容建筑物高大华美，用在别的场合一律属于误用。

这个成语出自《礼记·檀弓下》：“晋献文子成室，晋大夫发焉。张老曰：‘美哉轮焉！美哉奂焉！歌于斯，哭于斯，聚国族于斯！’”

晋国大夫赵武死后的谥号是“献”和“文”，因此称他“献文子”以示尊敬。赵武建造了一座新的房屋，晋国的大夫纷纷赶去送礼祝贺，其中有位叫张老的大夫一看眼睛就直了，不由自主地赞叹道：“太美了！房子高大巍峨啊！太美了！房子文采华丽啊！可以在这里唱着颂歌祭祀，可以在这里哭泣举行丧礼，可以在这里聚集国人和宗族啊！”

“轮”是屈曲盘旋而上的样子，引申为高大；“奂”是文采华丽，通“焕”，因此这个成语也可以写成“美轮美焕”。

故事还没有完。按照礼节，赵武要答谢张老，于是赵武回答道：“您说的这些事情都可以在这里举行，这就意味着我要在这里尽享天年，寿终正寝，然后到先祖的墓地去追随先人。”答谢完毕之后，赵武面向北方拜了又拜，叩头行礼。

《礼记》是讲礼仪的书，因此在两人这一番对话之后评论道：“君子谓之善颂善祷。”君子称赞这二位的称颂和祝祷都很好，合乎礼节，值得表扬。

“美轮美奂”就出自这个故事。知道了出处和原始含义之后，读者朋友以后就不要再误用这个成语了。

《万国来朝图》，清代，绢本设色，北京故宫博物院藏。

《万国来朝图》由清代宫廷画家创作，描绘了清乾隆时期藩属及外国使臣在新年伊始携带各种珍稀贡品，聚集太和门外等待觐见乾隆皇帝朝贺的场面。作者以鸟瞰的角度，从太和门前的两个青铜狮子画起，将紫禁城中的主要建筑一一收入画幅，近大远小，主次分明，层次丰富，在大雪的银装素裹之下，整个场面宏伟壮观。元旦是清廷最为重要的节日，按礼皇帝要着最高规格的朝服在太和殿接受百官朝贺，此时整个皇宫礼器、乐器、卤簿、仪仗森然陈列，在各自指定区域等待的百官、使者万头攒动。作者以全景式构图，运用工笔界画，展示出宫廷建筑群的宏伟壮观和皇家气派，数以百计的人物安插得当，将紫禁城元旦庆典的热闹庄严渲染得淋漓尽致。

齐人之福
真是指多妻、妾的艳福吗？

据说男人都是花心男，所以今天的男人非常羡慕古代的男人，因为古代男人可以三妻四妾。人们常常把这种三妻四妾的生活称作“齐人之福”，甚至今天仍有人羡慕这种“齐人之福”，仿佛拥有的女人越多，享受到的福气也就越大，而且是“艳福”。这真是天大的误会！

“齐人之福”的故事出自《孟子·离娄下》。“齐人”是一个齐国男人，姓名不详。男人有一妻一妾，她们天天待在家里操劳家务。男人每次出门，必定酒足饭饱之后才回来，回来就夸耀自己又跟哪个百万富翁一起喝酒吃肉了。每次都是如此，时间长了，妻生了疑心，对妾说：“咱们男人每次出门都是酒足饭饱才回来，回来又说都是跟富人一起喝酒吃肉，可是咱们家却从来没有来过一个他的富人朋友。不行，我得去跟踪他，看看他到底在干什么。”

第二天早起，妻果真跟踪男人出门，结果发现大街上没有一个人理这个男人。最后男人走到东郊的墓地，向祭扫坟墓的人要剩余的祭品吃。没有吃够，又东游西逛，到处去乞讨。妻一下子明白了，原来这就是男人酒足饭饱的原因啊！

妻回家后，和妾站在院子里抱头痛哭，边哭边抱怨：“原本指望男人给我们带来吃喝不愁的幸福生活，没想到他竟然是这样一个没本事的人！”

过了一会儿，男人醉醺醺地回家了，仍然继续吹牛。不过这一回妻妾二人再也不相信他了。

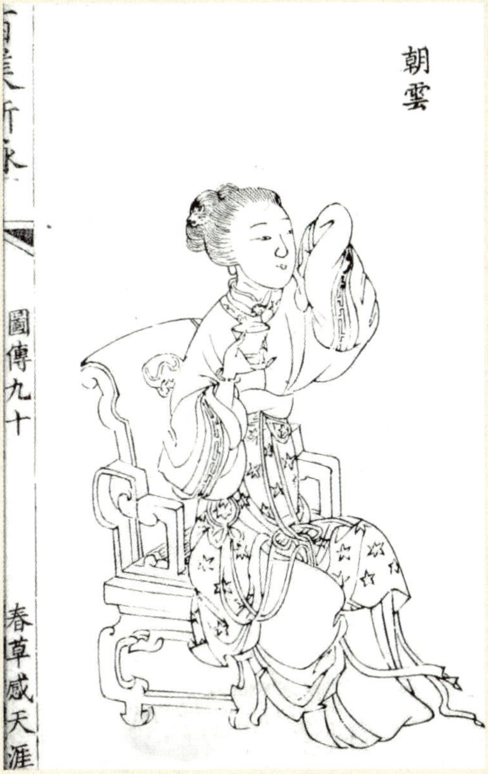

《百美新咏图传》九十『朝云』，清代颜希源编，王翙绘，集腋轩藏版，清嘉庆十年（一八〇五）刊本。

《百美新咏图传》收录历代名媛佳丽小传百篇，配以图百幅及文人咏词二百余首，集图像、传记、诗词于一体。原画出自当时宫廷著名画师王翙之手，人物刻画清晰隽雅，栩栩如生，在版画史上地位颇高。

王朝云（1062—1096），字子霞，钱塘人，苏轼之妾，1094年随苏东坡谪居惠州，第三年亡故并葬于惠州西湖孤山，年仅三十四岁。苏东坡亲撰墓志铭，说她“敏而好义，事先生二十有三年，忠敬若一”。她去世前一年秋天，有一次欲歌《蝶恋花》久无声，东坡问由，答：“奴不能歌者，是枝上柳绵吹又少，天涯何处无芳草。”东坡大笑曰：“是吾正悲秋，而汝又伤春矣。”遂罢。朝云病逝后，东坡终生不复听此词。画上题词“春草感天涯”便是出于这段典故。苏轼与原配王弗、续弦王闰之、侍妾朝云均感情深笃，在王闰之去世后一直由朝云相伴左右，其福甚于“齐人”多矣。

孟子由此得出结论：“由君子观之，则人之所以求富贵利达者，其妻妾不羞也而不相泣者，几希矣。”在君子看来，人们用来求取功名富贵的方法，能够不让自己的妻妾感到羞耻而痛哭的，实在是太少了！

因此，想要享受“齐人之福”，必须具备以下三个条件：一是必须一妻一妾，再多就更养活不起了；二是该人必须一点儿本事都没有；三是该人必须是个要饭的。只有符合这三个条件，才能称为“齐人之福”。

今天享受着所谓“齐人之福”的，以及艳羡着“齐人之福”的男人，好好琢磨一下您自个儿的条件吧！

如丧考妣
“考妣”到底指的是什么样的父母？

“如丧考妣（bǐ）”是一个成语，口语中很少使用，常用于书面语，形容极度悲伤或者着急，就跟死了父母一样。现在的辞典都把“考妣”解释为“去世的父母”，这是不对的。因为“考妣”前面还有一个“丧”字，“丧”就是死去，“考妣”既然已死，怎么还会“丧”呢？

《尔雅 · 释亲》中解释说：“父为考，母为妣。”北宋学者邢昺注解说：“考，成也，言有成德……妣，媲也，媲匹于父。”意思是说父亲有崇高的品德，而母亲的品德也可以媲美于父亲。秦代的《仓颉篇》中有“考妣延年”的说法，毫无疑问也表明是对在世父母的通称。

“如丧考妣”这个成语出自《尚书 · 舜典》：“二十有八载，帝乃殂落，百姓如丧考妣，三载，四海遏密八音。”“殂（cú）”是死亡之意。尧把帝位禅让给舜之后二十八年而死，百姓们非常悲痛，就像死了父母一样，天下为尧守丧三年，三年之内不准奏乐。所谓“四海遏密八音”，“遏”意为阻止，“密”意为寂静，“遏密”专指帝王死后停止举乐，“八音”是古代对乐器的统称，乐器通常为金、石、丝、竹、匏（páo，葫芦）、土、革、木八种不同质材所制，后来泛指一切音乐。

周代时，“考妣”开始专用于称呼过世的父母。《礼记 · 曲礼下》篇中规定：“生曰父曰母……死曰考曰妣。”郑玄注解说：“考，成也，言其德行之成也；妣之言媲也，媲于考也。”《周礼》中有“以享先妣”之语，称呼去世的母亲为“先妣”。

古代的墓碑上常刻有“显考”“显妣”“先考”“先妣”的字样，“先考”和“先妣”容易理解，即过世的父母，“显考”和“显妣”就不容易理解了。原来古人常常在祖、考和妣之前加上一个“皇”字，作为对祖宗和父母的美称，即“美”的意思。比如屈原《离骚》的开头写道：“朕皇考曰伯庸。”我已经过世的父亲叫伯庸。元代误以为这个“皇”字专指皇帝，因此专门下诏改成了“显”，这是不明白古人称“皇考”的含义所致。

古代有句著名禅语：“大事未明，如丧考妣；大事已明，如丧考妣。”里面含有很深的禅机，供读者朋友参禅用吧。

《唐土廿四孝　丁兰》，歌川国芳绘，一八四七年。

《唐土廿四孝》是一组系列版画，绘制了由中国传入日本的《二十四孝》故事。这幅画的是丁兰刻木事亲的故事："丁兰幼丧父母，未得奉养，而思念劬劳之恩，刻木为像，事之如生。其妻久而不敬，以针戏刺其指，血出。木像见兰，眼中垂泪。因询得其情，即将妻弃之。"图中俯首跪拜的是丁兰，旁边指着木像朝画外某人抱怨什么的应是丁兰之妻了，两人姿势，一恭谨，一张狂，相映成趣。丁兰因妻子对父母木像不敬而休妻，现在看来是一个因孝行引发的家庭悲剧。

伯仲之间
为什么比喻不相上下？

“伯仲之间”比喻人或事物不相上下，难分优劣高低。古人关于兄弟的排行共分四种：伯、仲、叔、季，分别是老大、老二、老三、老四。老大也可以称作“孟”。嫡长子称“伯”，庶出的长子称“孟”，后来就用“伯”或“孟”统称长子。所以最终的排行顺序是：伯（孟）、仲、叔、季。

那么肯定有人会问：如果兄弟多于四个，该怎么排行呢？老大、老二还是叫伯（孟）、仲，最小的还是叫季，中间的不管几个一概称“叔”。

为什么兄弟的排行只有这四种？班固编撰的《白虎通义》中解释说：“法四时用事先后，长幼兄弟之象也，故以时长幼号曰伯、仲、叔、季也。”天有四时，春秋冬夏，因此拿四时来比附兄弟的长幼之序。

举例来说，三国时期孙坚有四个儿子，老大名策，字伯符；次子名权，字仲谋；三子名翊（yì），字叔弼；四子名匡，字季佐。“名”是出生时取的，“字”是二十岁举行加冠礼时取的。

古人用“伯仲”一词代指兄弟，“伯仲之间”当然就是指兄弟之间，大家水平差不多，不相上下的意思。《诗经·小雅·何人斯》中有“伯氏吹埙（xūn），仲氏吹篪（chí）”的诗句，描写兄弟二人合吹乐器，相亲相爱，其乐融融。

东汉学者傅毅年轻时学问就很渊博，奉诏和大学问家班固一起校勘书籍。班固字孟坚，在班家兄弟中排行老大；傅毅字武仲，在傅家兄弟中排行老二。因此，曹丕在《典论·论文》中称赞二人说：“傅毅之于班固，伯

《孝经图》局部，北宋李公麟绘，绢本白描长卷，美国大都会艺术博物馆藏。

李公麟（1049—1106），北宋著名画家，字伯时，号龙眠居士，博学多才，富文辞，工书法，精于鉴赏。凡人物、释道、鞍马、山水、花鸟，无所不精，时推为“宋画中第一人”，尤其历来被公认是一位杰出的白描人物画家。他与同时期的文人士大夫有密切往来，如王安石、苏轼、黄庭坚、米芾等，其人物画自带温文尔雅之风致。《孝经图》卷作于1085年，是现今存世被公认的李公麟真迹之一。

这一段画面主题是“广要道”：“安上治民莫善于礼，礼者敬而已矣。故敬其父则子悦，敬其兄则弟悦，敬其君则臣悦，敬一人而千万人悦，敬者寡而悦者众，此之谓要道也。”图中一人正在向他的兄长深深行礼，后面二人颔首赞许。场景是庭园一隅，有竹丛、湖石，园墙之外有溪流，溪上有野雁嬉戏。据说图中行礼的二人很可能就是众所周知的兄友弟恭的榜样：苏轼和苏辙。这一对贤昆仲不仅感情深厚，肝胆相照，患难与共，且各自的文学成就也能彼此抗衡，可谓是真正的“伯仲之间”。

仲之间耳。”班固和傅毅在各自兄弟中分别排行老大、老二，所以“伯仲之间”的评价真是太恰当了！

金声玉振
原来指奏乐从始至终

“金声玉振”这个成语今天已经很少出现在人们的日常用语之中，但是书面语中还常常使用，多用来形容音韵的响亮、和谐，也用来比喻人的知识渊博，才学精到。那么，何为“金声”？何为“玉振”？其实，“金声玉振”这个成语是古代奏乐礼仪的形象写照。

《孟子·万章下》记录了孟子的一段话：“伯夷，圣之清者也；伊尹，圣之任者也；柳下惠，圣之和者也；孔子，圣之时者也。孔子之谓集大成。集大成也者，金声而玉振之也。金声也者，始条理也；玉振之也者，终条理也。始条理者，智之事也；终条理者，圣之事也。”

孟子评价说：伯夷是圣人中清高的人，伊尹是圣人中负责的人，柳下惠是圣人中随和的人，孔子是圣人中合时宜的人。孔子可谓集大成者。什么叫“集大成”？就是“金声而玉振之”。所谓“金声也者，始条理也”，“金”指钟类乐器，钟声响亮，奏乐时先奏钟；所谓“玉振之也者，终条理也”，“玉”指磬（qìng）这种用玉雕成的打击乐器，磬声清扬，以之收韵，作为乐声的终结。

清末学者俞樾在《群经平议》中议论说：“所谓‘金声而玉振之’者，以金声始洪而终杀，必以玉声振扬之。此‘之’字即指金声而言。”钟声虽然起始洪亮，但是最后会显出肃杀之音，因此一定要以清亮的磬声加以振扬。

北宋学者邢昺如此解释孟子之所以称颂孔子“金声而玉振之”：“金声者，是其始条理也，言金声始则隆而终则杀者也，如伯夷能清而不能任，伊尹能任而不能和，下惠能和而不能清者也；玉振之者，是其终条理也，言玉振则终始如一而无隆杀者也，如孔子能清、能任、能和者也，所以合金声而玉振之而言也。以其孔子其始如金声之隆，而能清、能任、能和，其终且如玉振无隆杀，又能清而且任，任而且和，和而且清，有始有终，如一者也。”

孟子的意思是说伯夷、伊尹、柳下惠虽然也是圣人，但只能“始”而不能“终”，只能“金声”而不能“玉振”，只有孔子才是集合了“始”和“终”、“金声”和“玉振”的大成就者。这就是“金声玉振”的由来，本义是指奏乐的以钟声始、以磬声终，因为用到了孔子身上，因此引申为形容知识渊博，才学精到。

不过随着乐器的变化，“金声玉振”这种奏乐礼仪早已废弃。明末清初戏曲家李渔在《闲情偶寄·授曲》中写道：“丝、竹、肉三音，向皆孤行独立，未有合用之者，合之自近年始。三籁齐鸣，天人合一，亦金声玉振之遗意也。”“丝”指弦乐器，“竹”指管乐器，“肉”指肉声。“三籁齐鸣”，不过取其音韵和谐而已，虽然李渔称也是“金声玉振之遗意”，但其实已经失去了原意。

《孔子见荣启期图》团扇，旧传南宋马远绘，绢本设色，美国波士顿艺术博物馆藏。

此团扇图无款，研究者认为应是南宋画院画家的作品。画中荣启期在高大松树下弹琴，孔子下车躬身探问。荣启期是春秋时代的隐士，《列子·天瑞篇》记载了孔子与荣启期不期而遇的故事："孔子游于太山，见荣启期行乎郕之野，鹿裘带索，鼓琴而歌。孔子问曰：'先生所以乐，何也？'对曰：'吾乐甚多。天生万物，唯人为贵；而吾得为人，是一乐也。男女之别，男尊女卑，故以男为贵；吾既得为男矣，是二乐也。人生有不见日月、不免襁褓者，吾既已行年九十矣，是三乐也。贫者士之常也，死者人之终也，处常得终，当何忧哉？'孔子曰：'善乎！能自宽者也。'"魏晋以后士人对荣启期推崇备至，认为他温雅淡泊，知足常乐，其形象在绘画装饰中常与竹林七贤同框。

奇装异服
原来指不合礼制的服装

现今“奇装异服”这个成语，通常是指与社会主流风尚相异，比大多数人的衣着样式造型奇异的服装，比如喇叭裤、牛仔裤过去都被视作奇装异服。每个时代都有标新立异之人，古代中国也不例外，不过那时的奇装异服称作“异服”或“奇服”，而且与礼制紧密相关。

据《周礼》记载，周代有“阍人”一职，“掌守王宫之中门之禁”，负责掌管王宫中门出入的事宜，职责之一是：“丧服、凶器不入宫，潜服、贼器不入宫，奇服、怪民不入宫。”郑玄注解说：“奇服，衣非常。”什么叫“衣非常”？

《左传·闵公二年》记晋献公派太子申生征伐东山的皋落氏，太子申生的服饰引发了军中的一场激烈争论。“大子帅师，公衣之偏衣，佩之金玦。”“偏衣”指两种颜色的衣服，以中缝为界，左右异色；“金玦”指青铜所制、半圆形有缺口的佩饰。大夫罕夷评论道：“尨奇无常，金玦不复。”“尨（máng）”指杂色。按照礼制规定，戎服必须用纯色，不能用杂色；佩玉必须是玉，不能用青铜所制，而且出征时不能佩“玦”，玦者，诀别也，实属不祥之兆。晋献公竟然赐给太子申生这样的服饰，因此众将都认为这是晋献公故意害他，要废黜申生的太子之位。

偏衣、金玦就是“衣非常”，即不符合战争常制的服饰。

《礼记·王制》中则有这样的规定：“作淫声、异服、奇技、奇器以疑众，杀。”儒家认为淫声、异服、奇技、奇器都是令百姓扰疑不定的东西，凡作此类怪异行为者，居然都要杀掉。郑玄注解说："异服，若聚鹬冠、琼弁也。"

"聚鹬冠"出自《左传·僖公二十四年》："郑子华之弟子臧出奔宋，好聚鹬冠。"子臧是郑国公子，其兄子华身为太子，因谋反被郑文公所杀，子臧于是出逃宋国。"鹬（yù）"是水鸟，古人以为"知天将雨鸟也"，因此只有掌天文的官员才能戴鹬鸟的羽毛所制的"聚鹬冠"。子臧不知天文，因此杜预说"聚鹬羽以为冠，非法之服"，不合礼制之服。结果这惹恼了郑文公，他派人刺杀了子臧。

"琼弁（biàn）"出自《左传·僖公二十八年》："楚子玉自为琼弁、玉缨。"马额上要戴一冠，也就是兽形面具，称"弁"，以琼玉为饰，称"琼弁"；马颈上的皮带以玉为饰，称"玉缨"。楚国的令尹子玉竟然用大夫所戴的饰品装饰自己的马，而且梦见河神索要，醒来后还不舍得供献给河神，结果导致楚军败于晋军。孔颖达引述刘炫的话说："若子玉从神所求，不惜琼玉，则国人以为神得所欲，必将助己，自当三军用命，战士争先。亦既不遂神心，人谓神必不助，则众意皆阻，莫不畏敌，且兵凶战危，必有伤杀，三军之命，在兹一举，犹尚爱惜此物，是无恤民之心。在军之士，谁肯竞劝。"子玉"琼弁、玉缨"非但不合礼制，还不舍得供献给河神，当然也就无法避免兵败自杀的命运了。

晋代还有一件著名的"异服"，叫雉头裘，用野鸡头上美丽的羽毛织成的皮衣。据《晋书·武帝纪》载："太医司马程据献雉头裘，帝以奇技、异服典礼所禁，焚之于殿前。"向皇帝献上一件雉头裘，居然被堂而皇之地记录于正史之中，可见古代礼制之严格。明代学者李东阳对晋武帝此举大加褒扬说："中世以后，君臣之论议政事，古风尚存，乃有却千里马，焚雉头裘。"视之为革除浮华风气之举。

一则违反礼制，一则偏离风尚，这就是古今"奇装异服"之不同。而由以上举例可以看出，古人“奇装异服”的奇异程度，今人绝对无法望其项背啊！

《帝鉴图说》分两卷，“圣哲芳规”讲述历代帝王励精图治之举，“狂愚覆辙”剖析历代帝王倒行逆施之祸，每个故事均配以形象的插图，原为木刻版。此彩绘版《帝鉴图说》大致绘制于清早期，可能是当时的外销画，传入欧洲后添加了法文注释，并按照西方图书装订方法粘合成册。画面严谨工丽，略具西洋透视技法。

“焚裘示俭”一图画的是晋武帝将太医司马程据进献的雉头裘焚于殿前的故事。殿上晋武帝表情甚是不悦，庭中华丽的雉头裘已成烈焰一团。《帝鉴图说》乃张居正为当时年仅十岁的明神宗所编撰，不知小皇帝看到这样的画面会不会暗叫可惜呢？

《帝鉴图说》（*Recueil Historique des Principaux Traits de la Vie des Empereurs Chinois*）之『焚裘示俭』，约十八世纪，法国国家图书馆藏。

钟鸣鼎食
原来是形容严格的等级制

“钟鸣鼎食”这个成语虽然产生于古代，但是现在也还在使用，甚至在人们的日常用语中也会时不时蹦出来。这个成语本来是形容古代富贵人家豪华奢侈的生活，现在也常用来形容那些贪官污吏荒淫无耻的生活场景。

但是今天贪官污吏们的生活可跟古代的贵族们差远了，而且也没有那么风雅。从字面上来看，“钟鸣鼎食”就是吃饭时击钟鸣乐，以助食兴，还要用贵重的鼎盛着食物端上来。但是进一步分析，“钟鸣鼎食”其实指证着中国历史上根深蒂固的等级制。

古人对钟和鼎的运用有着严格的规定和制度，不能越雷池一步。钟是古代乐器中最重要的一种，不仅是古代权贵们身份和地位的象征，而且在乐理中也有重要的作用。《说文解字》说“钟”是乐钟，即音乐所用之钟，为秋分之音，发出的声音象征秋天物种成熟，代表秋天的品性。因此钟又称“黄钟”，黄是五行（金木水火土）中土地的颜色，“黄钟”之音就作为标准音，以此校准别的音。

鼎则是国之重器。《周礼》规定：天子用九鼎，诸侯用七鼎，大夫用五鼎，士用三鼎或一鼎。这是丝毫不得僭越的。因此贵族之家吃饭时要“列鼎而食”，意思是将允许使用的几个鼎按照大小排列起来，从大到小根据等级制依次而食。

由此可见，“钟鸣鼎食”首先并非讽刺古代贵族豪华奢侈的日常生活，而是体现了等级制社会日常生活的种种礼制。这种礼制非常严格，甚至连钟和鼎身上的各种部件都有固定的称呼，一点儿都错不得。今天的人们对“钟鸣鼎食”的理解其实相差甚远，形容贪官污吏们“钟鸣鼎食”更是不知所云。

“钟鸣鼎食”这个成语最早出自《史记·货殖列传》。在这篇关于经商致富的传记的末尾，司马迁总结了出奇制胜的诀窍：“洒削，薄技也，而郅氏鼎食。胃脯，简微耳，浊氏连骑。马医，浅方，张里击钟。此皆诚一之所致。”

这段话的意思是：洒水磨刀是一项微不足道的技能，但郅氏却靠它致富，列鼎而食；做卖羊肚儿的小买卖简单又容易，但浊氏却靠它致富，车马成行；做一个马医是非常浅薄的小术，但张里却靠它致富，击钟佐食。这都是心志专一而致富的例子。

东汉学者张衡在司马迁这段话的基础上，在《西京赋》中写道：“击钟鼎食，连骑相过。”唐代诗人王勃在《滕王阁序》中写道：“闾阎扑地，钟鸣鼎食之家。”“闾（lǘ）阎”指里巷，遍地是里巷宅舍，有许多钟鸣鼎食的富贵人家。至此，“钟鸣鼎食”这个成语正式定型，进入了中国人的日常用语。

《乾隆南巡图卷》由宫廷画师徐扬“以御制诗意为图”，采用写实手法，描绘了清乾隆十六年（1751）乾隆皇帝第一次南巡期间省方问俗、察吏安民、视察河工、检阅师旅、祭祀禹庙和游览湖山名胜的情景。图卷人物众多，山川形势，城池车船，市景商贸，展示了清代中期丰富生动的历史细节。第六卷《驻跸姑苏》描绘乾隆皇帝在苏州胥门外

《乾隆南巡图卷》第六卷《驻跸姑苏》局部，清代徐扬绘，一七七〇年，绢本设色，美国大都会艺术博物馆藏。

舍舟登岸，经胥门进入苏州城（当晚驻跸苏州织造署行宫），重点展现苏州阊门到胥门一带的繁华景象。图中城门即阊门，此处人烟繁盛，商贾辐辏，百货骈阗，“最是红尘中一二等富贵风流之地”。用《滕王阁序》中“闾阎扑地，钟鸣鼎食之家；舸舰弥津，青雀黄龙之舳”之句来形容也毫不夸张。

折冲樽俎
为什么比喻在酒宴中制敌取胜？

“折冲樽俎”是一个成语，虽然在人们的日常口语中使用的频率很低，但在书面语和外交场合中却经常使用。这个成语是指不用武力而在酒宴谈判中制敌取胜，所谓“不战而屈人之兵也”。

“折”，挫折，屈服；“冲”，冲车，古代的一种战车，用以冲城攻坚。“折冲”意为挫退敌方的战车，使敌人的冲车屈服。三国时期，“折冲”成为一种官职的名称，东汉末年的大将乐进被封为折冲将军。

“樽（zūn）”，古代盛酒的酒器；“俎（zǔ）”，古代供祭祀或宴会用四脚方形的青铜盘或木漆盘，用来陈设牛羊肉，后来切肉的砧板也叫作“俎”，比如“人为刀俎，我为鱼肉”的“俎”就是指切肉的砧板。“樽”和“俎”是酒宴上的必备器具，因此“樽俎”就用来指代酒宴。

《晏子春秋·内篇·杂上》篇中讲述了一个著名的“樽俎”故事。春秋后期，晋平公准备伐齐，先派大夫范昭出使齐国以探虚实。齐景公摆下酒宴，饮到酣处，范昭对齐景公说：“请君之弃樽。”“弃樽”指齐景公用过的酒樽。宾客使用国君用过的酒樽是不合礼仪的，不过，齐景公还是满足了范昭的请求，对左右说：“酌寡人之樽，进之于客。”把我的酒樽斟满酒，进献给客人。

范昭饮尽之后，齐国国相晏子命“彻樽，更之”，撤掉这只酒樽，再换一只上来。侍者为范昭更换了新的大杯和小杯。范昭心里很不高兴，假装喝醉了，站起来起舞，要求乐官太师演奏西周的音乐伴舞。诸侯国不能演

《古今小说》插图『二桃杀三士』，明代冯梦龙编，明代刊本。

《古今小说》是冯梦龙《喻世明言》的初刻本，描摹市井生活与人情世态。这幅是卷二十五“晏平仲二桃杀三士”故事插图。这个典故源于《晏子春秋·内篇·谏下第二》。齐景公时，公孙接、田开疆、古冶子三勇士战功彪炳，恃功而骄，为除祸患，晏子设局，让齐景公赐三士二桃，令其“计功而食桃”，终致三士自杀而死。晏子兵不血刃，樽俎间杀死三个力可拔山的勇士，可谓智计无双，但手段未免太过阴险毒辣，反衬出三士的君子之风、轻生重义，令后人无限惋惜。

奏周王室的音乐，因为这也是不合礼仪的，太师拒绝了。范昭非常生气，快步离席而去。

齐景公一看这种情况，对晏子说："晋国是大国，派人来刺探我国的政事，如今您惹怒了大国的使者，该怎么办呢？"

晏子回答说："以范昭的平素为人，并非粗鲁不懂礼节，他故意装醉用您的酒樽饮酒，不过是想试探一下我们君臣而已。"

果然，范昭回去后向晋平公汇报此行的收获，说："现在征伐齐国还不是时机，齐国君臣和睦，又守礼节，还是等一等吧。"

孔子听说了这起外交风波，评论道："夫不出于樽俎之间，而知千里之外，其晏子之谓也，可谓折冲矣！"孔子是在赞叹晏子，说他在樽俎之间、酒宴之上就能够判断千里之外敌人的预谋。

《战国策·齐策五》记苏秦说齐闵王，在一大段游说之辞的结尾，苏秦总结说："此臣之所谓比之堂上，禽将户内，拔城于尊俎之间，折冲席上者也。"从此之后，"折冲樽俎"就演变成一个成语，晋代诗人张协的《杂诗》更加形象地描绘了这一充满智慧的外交手段："何必操干戈，堂上有奇兵。折冲樽俎间，制胜在两楹。"

唯唯诺诺
原来是古人应答的声音

“唯唯诺诺”这个成语的意思，各种成语辞典的解释都是：顺从而无所违逆。与“俯首帖耳”“唯命是从”“唯命是听”等成语词义相近。但是“唯唯诺诺”为什么会有这样的意思？各种辞典都没有解释这个成语的语源。原来，这个成语所反映出来的，乃是古代男子对尊长呼召而应答的两种声音，即“唯”和“诺”。

《礼记·曲礼上》篇中有这样的规定：“父召无诺，先生召无诺，唯而起。”意思是说：父亲召唤的时候，不可用“诺”来应答；先生召唤的时候，也不可用“诺”来应答。父亲和先生召唤的时候，都应该用“唯”来应答，同时要站起身来。《礼记·玉藻》篇中同样规定：“父命呼，唯而不诺。”

“唯”和“诺”到底有什么区别呢？郑玄注解说：“唯”和“诺”都是应辞，应答之辞，但“唯恭于诺”。孔颖达则进一步注解说：“古之称唯，则其意急也。”用“唯”来应答，语气短促，就像急着应答父亲和先生的召唤一样。因此张舜徽先生在《说文解字约注》一书中概括说：“此盖少者幼者应对之礼，故古人重之。”

而“诺”呢，孔颖达注解说：“其称诺，则似宽缓骄慢。”用“诺”来应答，语气宽缓，因而显得骄慢。张舜徽先生概括说：“盖应答之声，唯速而礼恭，诺缓而意慢。”事实也正是如此，“诺”一般用于尊对卑的场合，《战国策·赵策》中的名篇《触詟（zhé）说赵太后》一文，触詟向赵太后进言之后，赵太后回答道：“诺，恣君之所使之。”即为明证。

《礼记·曲礼上》篇中还有这样的规定："毋践屦，毋踖席，抠衣趋隅，必慎唯诺。"这是讲的客人进入主人家的礼节。"屦（jù）"是用麻或葛制成的鞋子，"踖（jí）"是践踏之意。古人进门必脱鞋，客人到主人家，进门前要先观察一下别的客人脱下的鞋子，以免踩到；进入自己座席的时候，不能直接跨过去就坐，而是应当提起下衣，从座席的下角慢慢走向座席，再往前坐下；坐下之后，不能自己先说话，要根据主人的问话谨慎地"唯诺"，也就是视具体情况而用"唯"或者用"诺"来应答。这一记载说明，"诺"也可以用于平辈之间。

这就是"唯"和"诺"作为应答之辞的区别：唯恭于诺。而"唯唯""诺诺"连用，可想而知乃是连声应答之辞，更加显得恭敬而顺从。司马相如的名篇《子虚赋》中，齐王让子虚描述一下楚国大泽的见闻，子虚就用"唯唯"应答，这是臣子表示对国君的极度恭敬和顺从。《史记·商君列传》中则有"千人之诺诺，不如一士之谔谔"的谚语，"谔谔"是形容直言无讳的样子，针对的是千人连声应答的情形。

这就是"唯唯诺诺"这个成语之所以可以用来形容顺从而无所违逆的缘故。需要说明的是，"唯"和"诺"都是古代男子的应答之辞，女子的应答之辞则是"俞"。《礼记·内则》篇中规定："能言，男唯女俞。"这是说，小孩子会说话的时候，要教他们应答尊长的礼节之辞，男孩子用"唯"来应答，女孩子用"俞"来应答。

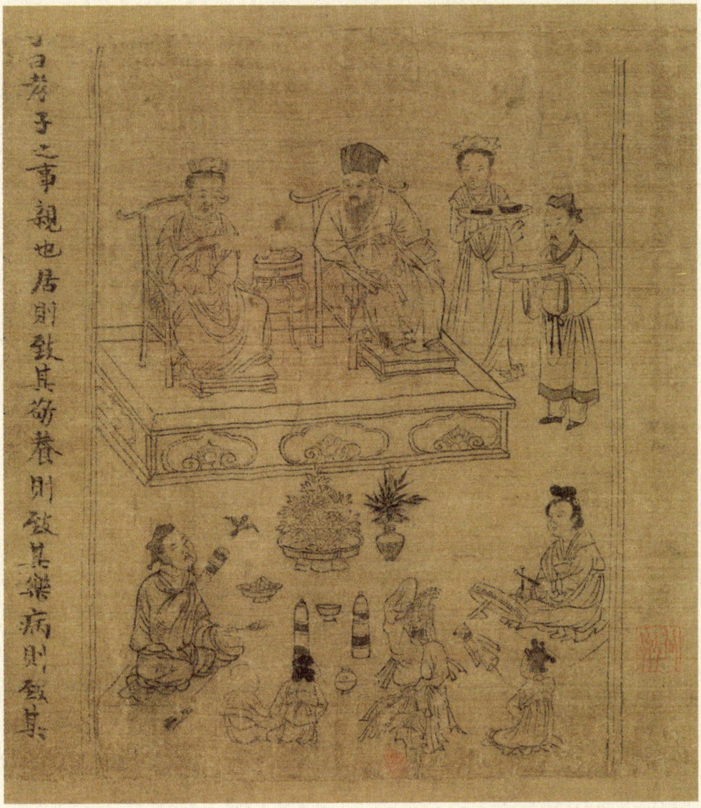

《孝经图》局部，北宋李公麟绘，绢本白描长卷，美国大都会艺术博物馆藏。

《孝经》是“十三经”中唯一一部由皇帝注释的儒家经典，托名为孔子为其弟子曾参陈述孝道，实则孔门后学所作。《孝经》的中心思想即“以孝治天下”，作者以孔子答问的形式，分别论述了天子、诸侯、卿大夫、士、庶人等不同阶层的孝道。李公麟的《孝经图》卷作于1085年初。作者依据《孝经》经义，绘制了十五段图说式画卷，以楷书抄经，以线描配图，书画合璧。

此段的主题出自《纪孝行章第十》，讲的是日常生活中的孝行：“孝子之事亲也，居则致其敬，养则致其乐，病则致其忧，丧则致其哀，祭则致其严。五者备矣，然后能事亲。”画面上，一对老夫妇高坐上方，一对手捧托盘的中年男女侍奉在侧，可能是他们的儿子和媳妇。下方是一组民艺表演：一人在表演魔术，一人跳舞，一个女子击鼓助兴，几个孩子散坐一旁。所有人的目光都被精彩的表演吸引，中年男女似乎忘记了他们手中的托盘，老者身体微微前倾，小女孩握紧弟弟的手。气氛温馨活泼，形象地诠释了家庭之乐。

顺手牵羊
“顺手”本来指右手

在今天的语境中，“顺手牵羊”这个成语是一个不折不扣的贬义词，顺手把别人家的羊牵走，借用来比喻趁机拿走或者偷走别人的东西，跟“趁火打劫”是相近的意思。这个成语很冤枉，因为最初它根本就不是贬义词，只是描述一种客观状态的中性词。

“顺手牵羊”的雏形最早出自《礼记·曲礼上》：“效马效羊者右牵之，效犬者左牵之。”此处的“效”是进献的意思，“效马”“效羊”“效犬”就是进献给对方马、羊、犬，“右牵”“左牵”是进献的礼节。

马和羊为什么要用右手牵着，而犬为什么要用左手牵着呢？郑玄的注解是：马和羊用右手牵是因为“用右手便”，犬用左手牵是因为“犬龇啮人，右手当禁备之”。“龇（zī）”指张开嘴露出牙齿。总之，不管左手还是右手，古人习惯的用手方式跟今天没有任何区别，即右手更灵便，劲儿更大。孔颖达进一步解释得更加清晰：“马羊多力，人右手亦有力，故用右手牵掣之也。”“犬好龇啮人，故左牵之，而右手防御也。”因为右手相比左手来说更加灵便，所以俗语中就把右手称作“顺手”，取顺便之意。如此看来，“顺手牵羊”的最早语义其实仅仅是用右手牵羊而已，并没有后来的延伸义。

元明时期，通俗文学发达，“顺手牵羊”以其形象性开始屡屡出现在各种文本之中，比如元代杂剧作家关汉卿所作《尉迟恭单鞭夺槊》，秦王李世民的弟弟李元吉嫉恨尉迟恭，在哥哥面前形容他和尉迟恭作战，吹牛道：“是我把右手带住马，左手揪着他眼扎毛，顺手牵羊一般牵他回来了。”李世民不相信，让二人同去演武场比试，结果只一个回合，李元吉的槊就被尉迟恭夺去，李元吉自己坠马。这里的“顺手牵羊”一语使用的仍然是最早的语义。

因为“顺手牵羊”太过容易，所以大约从清代开始，人们就把这个成语借用来比喻趁机偷东西，一直沿用到今天。

《西岳降灵图》局部，北宋李公麟绘，绢本墨笔长卷，北京故宫博物院藏。

该画卷被认为是李公麟的传世名作之一。《西岳降灵图》是他归隐龙眠山庄后所作，描绘了道教中五岳山神之一“西岳大帝”下巡的情景，据传也可能是皇家贵人及其眷属出行的真实场景。画卷生动描绘出当时大人物出行的全部仪仗，包括随从配备、华贵车马、女眷子嗣、随行用具，前呼后拥，形神毕肖。这一段是阵列最前端，首先是两个骑骏马的斥候，紧跟在后面的是一对随从，即“鹰犬”，一人牵黄犬，一人擎苍鹰，人与鹰犬皆作警觉之态。正应了苏轼《江城子·密州出猎》中所谓“左牵黄，右擎苍，锦帽貂裘，千骑卷平冈”的生动描绘，从此画也可想见当年苏太守出猎的豪壮场面。

差强人意
原来是夸赞之辞

“差强人意”这个成语现在的意思是勉强还能让人满意，虽然不能说是贬义词，但也绝不是褒义词。殊不知这个成语诞生的时候，却恰恰是一个褒义词！

“差强人意”一词出自《后汉书·吴汉传》。吴汉是东汉中兴名将，在著名的“云台二十八将”中排名第二。吴汉的性格强悍，“诸将见战阵不利，或多惶惧，失其常度。汉意气自若，方整厉器械，激扬士吏。帝时遣人观大司马何为，还言方修战攻之具，乃叹曰：‘吴公差强人意，隐若一敌国矣！’”

吴汉时任大司马，战阵不利的时候，他还能够意气自若，一点儿不惊慌，因此光武帝刘秀才会称赞他“差强人意”。这里的“差”是甚、殊的意思，“强”是劝勉、振奋的意思，“差强人意”的意思就是非常能够劝勉、振奋人的意志。由此可见，“差强人意”乃是一个地地道道的褒义词，否则刘秀也不会用这个词来赞扬他。

不过，“差强人意”一词慢慢加以演变，“差”演变为稍微、大致、比较的意思，“强”演变为勉强的意思，顺理成章地，“差强人意”的意思就演变为大致、勉强还能让人满意，演变成了一个表示勉勉强强、窝窝囊囊、不情不愿的词，离贬义词只有一步之遥。

细细玩味一下《周书·李远传》的记载，我们就能看出“差强人意”一词的演变轨迹。高仲密是权臣高欢控制的东魏的北豫州刺史，他想把北

《新刻全像汉刘秀云台记》卷下插图，明代薄俊卿撰，明代金陵唐氏藏版。

薄俊卿，明代戏曲作家，生平事迹不详。《汉刘秀云台记》为传奇剧本，全剧两卷四十四出，演述东汉光武帝刘秀起兵称帝的故事。西汉末年，王莽专权，刘秀起兵，在邓禹、冯异、姚期、郅恽等谋臣武将辅佐下，南征北战，终于夺得天下。刘秀称帝，建云台，列功臣名将之名，计二十八将，逐一封侯，这就是著名的“云台二十八将”。这幅是第四十四出插图，兵戈已定，江山一统，新帝即位，大封功臣。末尾群臣唱词曰：“天书飞下龙楼，云台画像封侯。书铁券，覆金瓯。安宇宙，贺千秋。”此为较有影响的明代传奇剧本。

豫州献给权臣宇文泰控制的西魏政权，但中间隔着高欢的大军，宇文泰很为难。宇文泰的手下官员李远（字万岁）献计道："按照常理，确实难以救援高仲密，但俗话说不入虎穴，焉得虎子，出奇兵或许可以奏效；如果失败了，那也是兵家常事。"宇文泰喜道："李万岁所言，差强人意。"在没有更好的办法的情况下，只能依此计而行，故曰"差强人意"，勉强还能让人满意；至于能否成功，那就只能看天意了！

旁门左道
为什么比喻歪门邪道？

“旁门左道”犹如“歪门邪道”，泛指不正当的方法。“左道”为什么会指邪道呢？这跟古人关于方位的尊卑观念有关。

古人是尊左还是尊右的问题，历代学者有过非常多的争论，直到今天还是众说纷纭。大致来说，秦汉之前以右为尊，因为大多数人都是使用右手，从生理习惯上来说右手方便，因此以右为尊，正如唐代学者孔颖达在为《左传·襄公十年》所作的注中说：“人有左右，右便而左不便，故以所助者为右，不助者为左。”

“左道”一词出自《礼记·王制》：“执左道以乱政，杀。”郑玄注解说：“左道，若巫蛊及俗禁。”“巫蛊（gǔ）”指诅咒害人的巫术，“俗禁”指某些日子禁止行走的交通禁忌。孔颖达进一步解释说：“卢云：‘左道谓邪道，地道尊右，右为贵。’故《汉书》云‘右贤左愚，右贵左贱’，故正道为右，不正道为左。”这就是“旁门左道”一词的最早来源和解释。

众所周知的“负荆请罪”的故事，起因就在于蔺相如比廉颇的功劳大，封官的时候，拜蔺相如为上卿，“位在廉颇之右”，廉颇非常生气，才寻隙滋事。可见官职也是以右为尊，贬官则叫“左迁”。

连居住的方位也是以右为尊。皇帝面南背北而坐，因此地理上便以东为“左”，以西为“右”，在同一座城市中，高官和贵族住在“右尊”的西边，普通百姓住在“左卑”的东边。陈胜、吴广起义时率领的九百名战友，入伍前都居住在“闾左”，即闾巷的东边（左侧），都是地位最低的普通百姓。

“无出其右”这个成语是指没有人能够战胜或者超过，也是以右为尊。

不过也有特殊的情况，比如车上的位置是以左为尊，空着左边的座位准备接待贵宾称“虚左以待”，这是因为坐车时，赶车的人要坐在右边，右手执鞭、驾驭都方便。国君出行时，同车三人，国君坐在左边，中间是御者，右边是一位勇士，带上勇士的目的是防备不测事件发生，一旦有人行刺国君，勇士从右边下车方便，便于随时采取行动保卫国君的安全。这是由车上空间的特殊性所决定的。

春秋战国时期，楚国被称为“楚夷”，楚人相对于黄河流域的中原民族来说属于南蛮之人，其方位尊卑刚好跟中原相反，“楚人尚左”，以左为尊。孔子曾经感叹道：“微管仲，吾其被发左衽矣。”在中原地区，人们衣服的前襟都要向右，只有死人的前襟向左，表示永远不需要脱衣服了，而边远地区的蛮夷民族刚好相反，是“左衽”，因此孔子感叹说如果没有管仲的教化，我们就要等同于蛮夷之邦了。

汉代之后，左、右的尊卑变化很多，没有定论，此处不赘述。值得说明的是，今天的人们常常把“男左女右”和“男尊女卑”的观念联系起来，这是阴阳五行学说附会的结果。阴阳五行学说认为天左旋为阳，地右周为阴，阳左阴右，男阳女阴，阳尊阴卑，故曰“男左女右”。这是唯心主义的认识，跟因为方便而以右为尊的唯物主义观点形成了鲜明的对立。

《晚笑堂竹庄画传》之『苏子卿』，清代上官周绘，清乾隆八年（一七四三）刊本。

“苏武牧羊”的故事家喻户晓。他出使匈奴被扣，历尽艰辛，留居匈奴十九年持节不屈，终于归国时，须发皆白。东汉王充《论衡·谴告》中说：“苏武入匈奴，终不左衽。”画面上是在北海（今贝加尔湖）边牧羊的苏武，面容枯槁，神情凝重。旁边两只羊，一卧一立。立羊偏头望过来，似白眼相视。人与羊相映成趣。

雕虫小技
“雕虫”的“虫”到底是什么虫？

“雕虫小技”比喻微不足道的技能，用来谦称自己写的诗作或文章，后来也用来比喻做事情时使用的不过是小技术而已。

“雕”当然是刻的意思，那么什么是“虫”呢？“虫”怎么能被雕刻呢？原来，这里的“虫”并不是某一种具体的虫子，而是秦代时定型的八种书写字体，称为“秦书八体”。据《说文解字》载，八体分别是：

第一，大篆。广义的大篆指秦代以前的甲骨文、金文、籀（zhòu）文和通行于春秋战国时期除秦以外的六国的古文；狭义的大篆单指籀文，籀文是周宣王时太史籀写的十五篇文字。

第二，小篆。小篆是秦始皇有感于全国文字不统一，命李斯和赵高将大篆简化而创制的文字，所以又称“秦篆”。

第三，刻符。专刻于符节上的字体。符节是古代派遣使者或调兵时用作凭证的东西，用竹、木、玉、铜等制成，上刻文字，分为两半，一半存于朝廷，一半给外任官员或出征将帅，使用时以两半相合为验。这种字体因为是用刀刻在金属上，笔画不能婉转如意，所以字体近于平直，形体近于方正。

第四，虫书。篆书中的花体，常常铸或刻在兵器、旗帜和符节上，形状像鸟和虫的样子，故称“虫书”。“雕虫”就是指刻写虫书。

第五，摹印。用来摹制印章的一种篆书体。

第六，署书。题在匾额上的文字。

第七，殳书。铸在兵器上的文字。“殳（shū）”是一种用竹或木制成，起撞击或前导作用的兵器。

第八，隶书。

据《北史·李浑传》载，李浑是北齐大臣，学问很大，文宣帝高洋命他组织一套班子，制定新的法律法规《麟趾格》。班子里面还有著名的史学家和文学家魏收。文人相轻，李浑有一次就对魏收说：“雕虫小技，我不如卿；国典朝章，卿不如我。”意思是写那些花花绕绕的“虫书”，写一些风花雪月的小美文，我不如你魏收；但是制定国家的典章制度，你魏收可就比不上我了。

《北齐校书图》，北齐杨子华绘，宋摹本，绢本设色，美国波士顿艺术博物馆藏。

此宋摹本《北齐校书图》卷，旧传为唐阎立本所作，现多认为原是北齐画家杨子华所绘。杨子华是北齐世祖高湛的爱臣，善画贵族人物、宫苑、车马，时有“画圣”之称，笔下人物丰满圆润，影响了唐代画风。

《北齐校书图》是一幅纪实性图卷。北齐天保七年（556），因为“时秘府书籍纰缪者多”，北齐文宣帝高洋“诏令校定群书”，参加者有樊逊等十一人，借邢子才、魏收诸家本共刊，“凡得别本三千余卷，五经诸史，殆无遗阙”。可谓一时盛事。此卷便描绘了这些文人奉诏校书时的场景。这是图卷中段，四文士坐于榻上，婢女、小童侍立榻周，文士中二人正专心校勘书卷，另二人似乎因意见相左而有所争执，乃至打翻碗盏（或谓一人欲逃酒，一人欲挽留）。人物神情生动，细节精微。此画用笔细劲流畅，设色简朴优美。画中的家具器用、人物服饰皆胡汉杂糅，体现了南北朝时民族融合的特点。

高屋建瓴
“瓴”到底是什么东西？

《史记·高祖本纪》记田肯对汉高祖刘邦的一段说辞 :“秦，形胜之国，带河山之险，悬隔千里，持戟百万，秦得百二焉。地势便利，其以下兵于诸侯，譬犹居高屋之上建瓴水也。”这是讲的关中一带的地形，后人从这句话中提炼出“高屋建瓴”这个成语，比喻居高临下、势不可当的形势。那么，这个“瓴”到底是什么东西呢？

“瓴（líng）”有两个解释 ：其一，《说文解字》:“瓴，瓮，似瓶也。”这是一种像瓶子一样的陶制容器，又叫“瓴甋（dì）”，有耳，便于手拎。古人对盛水器的分类非常细，比如《淮南子·修务训》中说 :“今夫救火者，汲水而趋之，或以瓮瓴，或以盆盂。”所以裴骃集解引如淳的解释说 :“瓴，盛水瓶也。居高屋之上而幡瓴水，言其向下之势易也。”

其二，南宋学者戴侗所著《六书故·工事四》中解释说 :“瓴，牝瓦仰盖者也。仰瓦受覆瓦之流，所谓瓦沟也。”“牝瓦”指合在一起的两瓦中仰面向上者，取“牝”雌性之意。牝瓦和上面的覆瓦合在一起，就形成了瓦沟，用来下泄雨水。这种瓦也叫“瓴甓（pì）”。

不管是盛水器还是瓦沟，从高屋之上往下倾泻，其势不可当可想而知。值得注意的是，这个成语中的“建”字也具有独特的义项 ：覆，倾倒。“建瓴水”即往下倾倒。

其实，“高屋建瓴”这个成语中最重要的一个字就是“建”，不懂得“建”字的意思，这个成语就不容易理解。

《风光礼赞 奈良法隆寺》，土屋光逸绘，一九三八年。

土屋光逸（1870—1949），日本浮世绘师、版画家，小林清亲的弟子。《风光礼赞》系列是土屋光逸的代表作品。二十世纪初日本艺术界兴起了“新版画运动”，重振传统的浮世绘艺术，将传统主题融入西方元素。与江户时代的浮世绘不同，新版画使用自然柔和的色彩，在画面透视和构图布局上体现出强烈的空间感。这幅《奈良法隆寺》就是新版画作品。

法隆寺，又称斑鸠寺，位于日本奈良生驹郡斑鸠町，建于七世纪初，有全世界现存最古老的木结构建筑，是世界上唯一保留中国南北朝时期建筑风格的寺庙。画面中的主体是五重塔。五重塔类似楼阁式塔，塔内没有楼板，方形，四角，出檐深远，如飞鸟展翅。塔高31.5米，塔刹约占三分之一高，上有九个相轮，是日本最古老的塔，历经多次大地震而不倒。雨中的法隆寺显得静穆、古朴，似乎能听到雨水从塔顶层层滴落的声音。

债台高筑
“债台”原来指洛阳的誃台

你听说过国君或者皇帝到处借钱吗？中国历史上还真有这么一位，他就是东周的最后一任国君周赧王。“赧（nǎn）”是驾崩之后的谥号，从这个谥号就可以看出周赧王做天子时处境之尴尬。《说文解字》：“赧，面惭赤也。”因惭愧而脸红，“赧颜”就是这个意思。许慎又说：“周失天下于赧王。”看似没有任何评价，但“失天下”一语已经暗含了贬义，失天下而愧对祖宗，故称“赧王”。

据《汉书·诸侯王表》记载：“自幽、平之后，日以陵夷，至虖阨隔河洛之间，分为二周，有逃责之台，被窃铁之言。”“陵夷”，渐趋于衰微；“虖”，通“乎”；“阨（ài）”，狭小；“隔（qū）”，倾危不安的样子；“责”，通“债”；“铁（fū）”，切草的铡刀，也用作斩人的刑具；“窃铁”，颜师古注解说：“铁钺，王者以为威，用斩戮也。言周室衰微，政令不行于天下，虽有铁钺，无所用之，是谓私窃隐藏之耳。”

这段话的意思是说：自从周幽王和周平王之后，周王室日渐衰微，国土面积缩小到黄河、洛水之间的一小块儿，而且周王室之内又分为西周、东周两个小诸侯国（此处的西周、东周不是朝代名）。到了周赧王做天子的时候，不仅有逃债之台，而且周王室的政令已经无法行于天下，即使还有象征天子的铁钺等仪仗，也没有什么用处，只好藏进国库之中。

这个逃债之台，东汉学者服虔注解说：“周赧王负责（债），无以归之，主迫责（债）急，乃逃于此台，后人因以名之。”这个“台”到底在哪里呢？

河间献王刘德以西汉宗室的身份点明了位置：“洛阳南宫誃台是也。”

“誃（yí）”指堂楼台榭的偏门或者小屋，与大屋相连，但却自成一体。“誃台”位于洛阳南宫，为周景王所造，没想到被周赧王用来作了逃债台。周赧王之所以躲进这座台，是因为此台虽与大屋相连却不通，是独立的一座台，因此债主们无论如何也进不来。周赧王可真狼狈啊！

《史记·周本纪》载周赧王驾崩，唐代学者张守节《正义》引《帝王世纪》的记载：“虽居天子之位号，为诸侯之所役逼，与家人无异。名负责（债）于民，无以得归，乃上台避之，故周人名其台曰逃责（债）台。”“家人”指平民，堂堂一国之君，竟然被逼得像平民一样逃债。虽然文献都没有记载周赧王为什么借了这么多债，但周赧王依附于西周小国，就王城那么一小块儿地方，可想而知花费不知从何征收，只好借债度日，“负债于民”，甚至向西周小国的老百姓借债！而老百姓居然可以闯入洛阳的宫中索债，也可见周王室的权威早已不在了。

这就是“债台高筑”这个成语和日常俗语的来历，原意是为避债而藏匿于“誃台”之上，躲得确实够高的，今天则形容欠债极多，古今的意思还是有些差别的。

龐居士誤放來生債
倣孔榮筆

《元曲选》插图『庞居士误放来生债』，明代臧懋循编，明万历时期刊本。

《元曲选》是一部著名的元杂剧总集，分为十集，每集收十种戏曲，共收剧一百种，又名《元人百种曲》。其中元人杂剧九十四种，元明时期剧作六种，内含版画两百多幅。万历时期是明代戏曲传奇的最后辉煌期。

《庞居士误放来生债》是元代杂剧家刘君锡的喜剧作品，写富人庞蕴放债而不索还，最后一家人复归仙班的故事。庞居士家住襄阳，广有钱财，一家礼佛。他喜欢救危扶困，仗义疏财，然后烧掉所有欠债文书。某天他到后槽门烧香念佛，听得马牛驴互作人语，都道是前生欠庞居士债，今生变驴变马变牛填还于他。画面即描绘了这一幕。庞居士听后唬得胆战心惊，便放归家中奴仆，遣散牛羊牲畜，又烧掉家私总历文书，从此不再与人放债，最后散尽家财，编卖笊篱为生，终于得道升仙。

醍醐灌顶
“醍醐”到底是什么东西？

“醍醐灌顶”的近义词是“茅塞顿开”和“恍然大悟”，用来形容听到精辟的言论而深受启发。这个成语来自佛教，原意是指灌输给人佛教的智慧，使人头脑清醒。

《说文解字》:“醍，清酒也。”《周礼》中根据酒的清浊程度把酒分成五种，第四等级的酒叫“醍（tí）齐”，即浅红色的清酒。

“醍”本来是酒的名称，但和“醐”连用之后，李时珍在《本草纲目》中总结了“醍醐”的特性 :“作酪时，上一重凝者为酥，酥上如油者为醍醐。熬之即出，不可多得，极甘美。”“醍醐”就是从牛奶中精炼出来的乳酪，是油脂状的凝结物，甘美温润，气味清凉，乃是纯一无杂的最上等的乳制品。

“醍醐”一语出自佛经。《大般涅槃经 · 圣行品》中写道 :“譬如从牛出乳，从乳出酪，从酪出生酥，从生酥出熟酥，从熟酥出醍醐。醍醐最上，若有服者，众病皆除。”

醍醐如此珍贵，世人也拿来比喻出类拔萃的人。据《旧唐书 · 穆赞传》记载，穆赞、穆质、穆员、穆赏这穆姓四兄弟都有美好的名声，“世以‘滋味’目之 : 赞俗而有格，为酪 ; 质美而多入，为酥 ; 员为醍醐 ; 赏为乳腐”。乳腐不是人们常吃的腐乳，而是牛乳的加工制成品。

随着佛教大规模传入中国，根据佛经意译的“醍醐”一词开始进入人们的日常用语，“醍醐”也从乳制品引申为精髓的意思。

“灌顶”一词也是梵语的意译，“灌”是灌持，表示佛的护佑和慈悲，

“顶”是头顶，表示佛法的崇高。“灌顶”的原意是弟子入门时，须经本师用水或醍醐灌洒头顶。“醍醐”和“灌顶”连用，就生成了一种比喻义，从具体的动作抽象出顿悟之意，比如《敦煌变文集》中的《维摩诘经讲经文》：“闻名之如露入心，共语似醍醐灌顶。”

随着“醍醐灌顶”一词进入人们的口语，它也开始引申出清凉舒适的意思，比如唐代诗人顾况在《行路难》一诗中吟咏道：“岂知灌顶有醍醐，能使清凉头不热。”白居易《嗟发落》：“有如醍醐灌，坐受清凉乐。”

此图取材于佛教《维摩诘经》，描绘了装病在家的维摩诘向奉佛祖释迦牟尼之命前来探病的文殊菩萨、舍利弗以及僧侣、天女宣讲大乘教义的场面。维摩，也称维摩诘（梵文的译音，意为“净名”或“无垢称”），是佛教中与释迦牟尼同时代的著名人物，以机智善辩著称。画中维摩诘坐于锦榻之上，目光炯炯，嘴唇微启，长须垂拂，一手略举，一手轻按，似正谈论教义的精微之处。两旁环绕许多聆听说法的僧侣、天女、神将。维摩诘右手边是散花天女，据经文载，当维摩诘和文殊菩萨讨论到“从无住本，立一切法”时，天女将繁花撒到佛祖的大弟子舍利弗身上。花瓣沾衣不坠，舍利弗连忙振衣抖拂却挥之不去。维摩诘见此当即指出佛教应该视万物皆空的教义实质。整部《维摩诘经》的

精华“不二法门”语句就这样产生。《维摩诘经》后来成为对中国佛教影响很大的一部佛经。

全图人物神情刻画入微，以铁线描绘出衣纹、飘带流畅飘逸之感。其洁净轻淡的笔法与佛教“空即是色，色即是空”的教义相吻合，代表着早期白描人物画的最高成就。

《维摩演教图》卷局部，传宋代李公麟绘，纸本墨笔，北京故宫博物院藏。

锱铢必较
“锱”和“铢”到底有多重？

“锱铢必较”和“睚眦必报”是同义词。“睚眦（yá zì）”指瞋目怒视，瞪眼看人，借指极小的怨恨，“睚眦必报”就是指连极小的怨恨都要报复。而“锱铢必较”这个成语的意思是：对极少的钱都要计较，引申指对极小的事都要计较。那么，“锱铢”到底有多重呢？

《说文解字》：“锱，六铢也。”又解释“两”：“两，二十四铢为一两。”因此，“锱（zī）”和“铢”都是重量单位，“锱”是一两的四分之一，“铢”是一两的二十四分之一，可见其重量或数量之微，古人因此就用“锱铢”来比喻极其微小的重量或数量。

《礼记·儒行》借孔子和鲁哀公的对话，描述了孔子心目中真正的儒者到底是什么样子，其中孔子说：“儒有上不臣天子，下不事诸侯；慎静而尚宽，强毅以与人，博学以知服；近文章，砥厉廉隅；虽分国如锱铢，不臣不仕。其规为有如此者。”

“上不臣天子”，孔颖达说不食周粟的伯夷、叔齐就是这种人。“下不事诸侯”，孔颖达说春秋时期楚国的隐士长沮、桀溺就是这种人。“虽分国如锱铢”，孔颖达注解说：“言君虽分国以禄之，视之轻如锱铢，不贵重也。”即使把一个国家分给你作为俸禄，也视之轻如锱铢。这才是真正的儒者的“规为”。所谓“规为”，孔颖达注解说：“谓不与人为臣，不求仕官，但自规度所为之事而行。”不做臣子，不当官，凡事都只凭我自己的规则、谋度而行事。

《醒世恒言》卷三十四『一文钱小隙造奇冤』插图，明代冯梦龙编撰，可一居士评，明末金阊叶敬池刊本。

《醒世恒言》为“三言二拍”之一，是一部白话短篇小说集，作品多取材于社会现实生活以及民间故事传说，除少数宋元旧作外，大多是明人拟作。它在“三言”中是艺术上最成熟、流传最广、影响最大的一部，塑造了许多个性鲜明、生动丰满的人物。

《一文钱小隙造奇冤》讲述了一桩奇案。起因只是邱长儿和刘再旺为一文钱发生口角，引得双方母亲谩骂争吵。之后波澜迭起，节外生枝，牵连不断，最终为一文钱竟断送了十三条性命。画面上故事刚刚开始，邱长儿与刘再旺于楼下耍钱，楼上邱长儿的母亲因肚子疼正卧床休息。似是一个极寻常的午后，谁能料到一场波诡云谲的奇祸就要来临呢。

“轻如锱铢”，当然是表示重量；“锱铢”还可以用来表示数量。《庄子·达生》篇中记载了一个有趣的故事。

孔子去楚国，从林中出来，看到一个驼背在捕蝉，像在地上捡拾一样容易。孔子问道：“您的手太巧了！有什么诀窍吗？”驼背回答说：“我有道也。五六月累丸二而不坠，则失者锱铢；累三而不坠，则失者十一；累五而不坠，犹掇之也。”意思是说：练习五六个月，在竿头堆叠起两颗弹丸而不坠落，那么失手的时候就很少；堆叠三颗而不坠落，那么失手的时候十之有一；堆叠五颗而不坠落，就像在地上捡拾一样容易了。

驼背接着描述自己的状态：“吾处身也，若厥株拘。”我站定身子，像折断下坠的枯树根。“吾执臂也，若槁木之枝。”我举竿的手臂，像枯木枝。“虽天地之大，万物之多，而唯蜩翼之知。”虽然天地很大，万物众多，而我的注意力只在蝉翼上。

孔子听完这番话，赞叹道：“用志不分，乃凝于神，其痀偻丈人之谓乎！”运用心志而不分散，精神就会高度凝聚，说的不就是这位驼背老丈吗！上文的“锱铢”一词表示极少的数量、次数。

《荀子·富国》篇中写道：“割国之锱铢以赂之，则割定而欲无厌。”割让国家的锱铢之地去贿赂，那么割让完毕后对方的欲望也不会满足。后人于是用“锱铢必较”来比喻小气或气量狭小。

靡靡之音
原来特指亡国之音

今天的各种辞典都把“靡靡之音”解释为颓废、低级趣味的音乐。“靡靡”是柔弱、萎靡不振的样子。但是，这个成语最初的意思却严重得多，指的是亡国之音。

《韩非子·十过》篇中记载并描述了这种“靡靡之音”，顺带也描述了其他几种音乐，从中可以看到在古人的心目中，音乐和德行、政治都有莫大的联系。

卫灵公将要出访晋国，走到濮水之上宿营，夜里听到音乐声，以为是鬼神之乐，招来乐师师涓，命他谱写下来。师涓费两宿而熟习，这时也已经到了晋国。酒宴之上，卫灵公命师涓为晋平公演奏新声。演奏还没有结束，晋国的盲乐师师旷抚琴而止，说：“此亡国之声，不可遂也。”晋平公问其故，师旷说：“此师延之所作，与纣为靡靡之乐也。及武王伐纣，师延东走，至于濮水而自投，故闻此声者必于濮水之上。先闻此声者，其国必削，不可遂。”原来，卫灵公在濮水之上听到的所谓鬼神之乐，乃是投濮水而死的师延生前为殷纣王演奏的“靡靡之乐”，“闻此声者，其国必削”，殷商即是先例，因此乃亡国之音。

接着，晋平公问师旷：“这种清商之乐是最悲痛的吗？”宫、商、角、徵（zhǐ）、羽五音中，“商”声凄清悲凉，故称“清商”。师旷说不如清徵，“古之听清徵者，皆有德义之君也。今吾君德薄，不足以听”。好奇的晋平公非要听，师旷不得已而奏：“一奏之，有玄鹤二八，道南方来，集于郎门之垝；

再奏之，而列；三奏之，延颈而鸣，舒翼而舞，音中宫商之声，声闻于天。平公大悦，坐者皆喜。”“郎门”指宫中之门，“垝（guǐ）”指高而危险之处。

接着，师旷又说清徵之悲不如清角：“昔者黄帝合鬼神于泰山之上，驾象车而六蛟龙，毕方并辖，蚩尤居前，风伯进扫，雨师洒道，虎狼在前，鬼神在后，腾蛇伏地，凤凰覆上，大合鬼神，作为清角。今主君德薄，不足听之，听之将恐有败。”晋平公非要听，师旷不得已而奏：“一奏之，有玄云从西北方起；再奏之，大风至，大雨随之，裂帷幕，破俎豆，隳廊瓦，坐者散走，平公恐惧伏于廊室之间。晋国大旱，赤地三年。平公之身遂癃病。”“隳（huī）”是毁坏的意思，“癃（lóng）病”形容衰弱疲病。

作为殷纣王亡国之音的“靡靡之音”，其中一定含有淫靡、柔媚、使君王不思治国的各种颓废成分，因此后人就把不健康的、低级趣味的颓废之乐称作“靡靡之音”，虽仍然跟人的德行有关系，但是治国的政治理念这一层含义却消失了。

《红楼梦赋图册》之《潇湘馆听琴赋》配图，清代沈谦作赋，盛昱录，清同治十二年（一八七三），爱尔兰切斯特·比替博物馆藏。

《红楼梦赋图册》共二十幅（此本缺一帧），内容为沈谦撰二十首题咏《红楼梦》的赋文配以精美插图。沈谦的《红楼梦》赋大约创作于清嘉庆十四年（1809），正是科举失意、穷困潦倒之际，作者借阅读《红楼梦》度日，“仿冬郎之体，伸秋士之悲”，作赋排遣内心苦闷。

这幅是《潇湘馆听琴赋》的配图。贾宝玉与妙玉坐于太湖石上，悄然静听潇湘馆内黛玉抚琴。只听音调清切，黛玉一边抚琴一边吟唱，四叠过后，妙玉讶然失色：“如何忽作变徵之声？音韵可裂金石矣。恐不能持久。”谈话间琴弦崩断，戛然而止。古人相信琴为心声，妙玉从黛玉的琴音中听出不祥之兆，所以变色，而后匆匆离去。这一幕始于清雅，而终于悲凉。

霜露之思
为什么指对父母、祖先的哀思？

“霜露之思”“霜露之悲”“霜露之感”都用来形容子女对去世的父母和祖先的哀思。“霜露”即霜和露水，为什么看到霜露就会想起父母和祖先呢？

原来，这几个成语出自《礼记·祭义》：“祭不欲数，数则烦，烦则不敬。祭不欲疏，疏则怠，怠则忘。是故君子合诸天道，春禘秋尝。”

这段话的意思是说：祭祀的次数不能过于频繁，过于频繁就会使人厌烦，有厌烦之心就是不敬。祭祀的次数也不能过于稀少，过于稀少就会使人怠惰，有怠惰之心就会忘记祖先。因此君子按照天道的运行规律，春天举行禘祭，秋天举行尝祭。

什么是禘祭和尝祭？禘祭是帝王、诸侯每五年在宗庙中举行一次的大祭，春天的时候祭祀始祖；尝祭在秋天举行，乃是品尝新谷之祭。

“霜露既降，君子履之必有凄怆之心，非其寒之谓也。春，雨露既濡，君子履之必有怵惕之心，如将见之。乐以迎来，哀以送往，故禘有乐而尝无乐。”

这段话的意思是说：秋天的时候，霜露降临大地，君子脚踩霜露，一定会有凄怆之心，这不是因为寒冷，而是因为想起了去世的父母和祖先的缘故。春天的时候，雨露滋润大地，君子脚踩雨露，一定会有怵（chù）然惕戒之心，就像即将见到去世的父母和祖先一样。怀着喜悦的心情迎来，怀着哀痛的心情送往，因此禘祭的时候要奏乐，尝祭的时候不奏乐。

孔颖达注解说："禘者，阳之盛也；尝者，阴之盛也。阴阳气盛，孝子感而思念其亲，故君子制礼，合于天道。""春、夏阳来，似神之来，故春、夏祭之有乐；秋、冬阴，象神之去，故秋、冬之祭无乐。"

秋天的霜露和春天的雨露因此都成为父母和祖先恩泽的代称。南北朝时期的学者颜之推在著名的《颜氏家训·终制》篇中叮嘱自己的子女："若报罔极之德，霜露之悲，有时斋供，及七月半盂兰盆，望于汝也。"如果你们要报答父母无穷的恩德，抒发思念亲人的悲伤心情，那么除了有时候供奉斋品之外，到每年七月十五日的盂兰盆节，我也盼望能够见到你们的供养。

这就是古人的"霜露之思"或"霜露之悲"，原本与对父母和祖先的祭祀紧密相连，如今这种"春禘秋尝"的祭祀习俗早就消失了，人们履霜露和雨露也不会再像古人那样立刻就想起父母和祖先了。

清代夫妇像，布本设色，美国弗利尔—萨克勒美术馆藏。

这是一幅祖先像，主要用于家庭祭祖时悬挂于厅堂，供子女后代追怀先人。研究者根据画像所用画布（一种粗棉布）判断，此像出自清代北方的山西地区。这对老夫妇男左女右，端端正正坐在宽大扶手椅上。椅上搭着红地绣花椅袱，一对童男童女侍立于后。后面屏风上画着山水，矮桌上陈设瓶花、焚香。夫妇二人皆着老式的宽袍大袖，这是明代祖先像中流行的式样。据研究，夫妇二人的头像可能是后来贴上去的，画像其他部分可能作为半成品出售，买家只要添上头部写真即可。

除夕夜祭祖在清代及其以前是非常普遍的民俗。届时，家里的长辈会毕恭毕敬地将祖先画像“请”出，挂于厅堂，点烛焚香，陈列贡品，全家举行祭祖仪式。一般祖先画像会从除夕夜一直挂到正月十五闹完元宵，其间画像前面的香火不能断。之后便郑重收起，以待来年。

稳操胜券
“操”的原来是左“券”

很多汉语词汇都经不起认真一问，比如在“稳操胜券”这个使用频率极高的成语中，到底什么是“券”？什么又是“胜券”？只怕没人能答得上来。

其实，“稳操胜券”更准确的写法应该是“稳操左券”。《说文解字》：“券，契也……券别之书，以刀判契其旁，故曰契券。”“券”的本义是用于买卖或表明债务关系的契据，在纸张没有发明之前，通常用竹片或木片制成，书写后用刀剖成两半，双方各执一半以为凭证。左半称“左券”，由债权人收执；右半称“右券”，由债务人收执。债权人到了规定期限就可以手执“左券”前往索取债务，因此“左券”称得上“胜券”，胜券在握，永远立于不败之地。

“左券”也称“左契”。老子曾经说过一句话：“圣人执左契而不责于人，故有德司契，无德司彻。”意思是说：圣人虽然手持“左契”，却从来不催促人还债，因此有德之人就像掌管契约的圣人一样宽宏大量，无德之人就像掌管收税的人一样斤斤计较。由此也可见债权人持“左券”或“左契”实乃“稳操胜券”。

不过也有例外。《史记·田敬仲完世家》中苏秦游说田轸后说：“公常执左券以责于秦韩。”意思是田轸有恩于秦韩两国，如同持左券，可以稳操胜券地教训两国。这是“执左券”。

《史记·平原君虞卿列传》载：“且虞卿操其两权，事成，操右券以责；

事不成，以虚名德君。”这是说虞卿掌握着办事成功和不成功的两头主动权。如果事情成功了，就会像债主一样“操右券”来责难平原君；如果事情不成功，又要拿着为平原君争功求封的虚名来让平原君感激他。“胜券”通常指“左券”，在一些特殊的情况下也可以指“右券”，应该视乎契券的具体内容而定。

陆游有一首题为《禽言》的诗，其中吟咏道：“人生为农最可愿，得饱正如持左券。”“持左券”引申为最有把握之意，即如今常用的成语“稳操胜券”。

失還魂牙僧
索剩命
二刻驚奇像
十六回

《二刻拍案惊奇》卷十六插图，明末凌濛初编撰，明崇祯五年（一六三二）尚友堂刊本。

《二刻拍案惊奇》是著名的“三言二拍”之一，是凌濛初在“三言”的直接影响下写成的白话短篇小说集，每卷写一个独立的故事。卷十六的回目是“迟取券毛烈赖原钱，失还魂牙僧索剩命”，故事源出洪迈《夷坚志》。讲的是陈祈为与兄弟争占家财，暗中将田地低价典给毛烈。后来，陈祈父母去世，弟兄四人析得家产各一。陈祈拿了银子找毛烈赎田，不料毛烈将银吞掉，又白赖契券，占得田地。他买通官府，陈祈手中无券，投诉无门，反被屈打。陈祈只得向阴间诉冤。在阴府，由业镜照射，判明了是非曲直。毛烈被判死刑，陈祈还阳归生，讨回原契券，后向弟兄们交还了多占的家产。

两幅插图，一幅描绘阴间断狱场景，一幅描绘阳间毛烈妻子和儿子被鬼魂索债的情景。故事将阳间的昏浊和阴府的清明对比，揭露阳间的罪恶，也反映出那个时代社会风气的堕落。

造物

玉树临风
“玉树”原来是槐树

“玉树临风”这个成语是形容男人像玉树一样风度潇洒，秀美多姿。比如杜甫的名作《饮中八仙歌》，其中赞叹崔宗之“宗之潇洒美少年，举觞白眼望青天，皎如玉树临风前”。但是“玉树”到底是什么树？很多人都以为真的是玉制成的树，各种辞典也从不多加解释，默认了这种误解。

西汉学者扬雄在《甘泉赋》中吟咏道：“翠玉树之青葱兮。”魏晋时期的《汉武故事》中载有“玉树”之典：汉武帝穷奢极欲，在宫外起神明殿九间，“前庭植玉树。植玉树之法，葺珊瑚为枝，以碧玉为叶，花子或青或赤，悉以珠玉为之，子皆空其中，小铃鎗鎗有声”。

但是西晋文学家左思在《三都赋》的序中讽刺说“扬雄赋甘泉而陈‘玉树青葱’”，乃是“假称珍怪，以为润色”，“考之果木，则生非其壤；校之神物，则出非其所”。最初出典的“玉树”确实是玉制成的树，但因为过于奢侈而遭到了后人的批评。

不过，六朝时撰写的《三辅黄图》一书却提供了不同的说法：“甘泉谷北岸有槐树，今谓玉树，根干盘峙，三二百年物也。杨震《关辅古语》云：‘耆老相传，咸以为此树即扬雄《甘泉赋》所谓玉树青葱也。’”这是第一次出现“玉树”即槐树的说法。刘悚（sù）所著唐代笔记小说集《隋唐嘉话》中也有记载：“云阳县界多汉离宫故地，有树似槐而叶细，土人谓之‘玉树’。”由此可见，汉代以槐树为“玉树”。

至于以“玉树”比人，出自《世说新语·言语》：“谢太傅问诸子侄：‘子弟亦何预人事，而正欲使其佳？’诸人莫有言者，车骑答曰：‘譬如芝兰玉树，欲使其生于阶庭耳。’”

谢安问道：“你们子弟又关我们父母辈什么事呢？为什么我们父母辈总希望你们成才？”谢安的侄子谢玄回答道：“这就像芝兰和玉树，人们都想让它们生长在自己家的庭院里。”“芝兰”是香草，和玉树并举，那么玉树就不可能是玉制成的假树，而应该是真树，即槐树。

周代宫廷外种有三棵槐树，太师、太傅、太保这三公朝见天子时，要面向槐树而立，后来就用“三槐”代指三公，再后来也泛指士阶层，士死后，坟上要种植槐树。郑玄解释说：“槐之言怀也，怀来人于此，欲与之谋。”

有一种槐树叫“守宫槐”，《尔雅·释木》中解释说：“守宫槐，叶昼聂宵炕。”“聂”，合；“炕”，张。郭璞注解道：“槐叶昼日聂合而夜炕布者，名为守宫槐。”晋人杜行齐注解说：“在朗陵县南，有一树似槐，叶昼聚合相著，夜则舒布而守宫也。”这种槐树的叶子，白昼闭合，夜晚张开，就像在夜晚守护着宫室一样，故称“守宫槐”。

不仅“槐”取“怀”的意思，而且槐树还能守护皇家宫室，因此槐树就作为士阶层的代称；相应地，士阶层中风度潇洒、秀美多姿的男子就以槐树为喻。古人认为玉有仁、义、智、勇、洁五种德行，而“君子比德于玉”，代表士阶层的槐树于是就美称“玉树”。

这就是“玉树临风”这个成语的辗转由来。

《饮中八仙　其六　崔宗之》(『飲中八仙　其六　崔宗之』)，胜川春章绘，十八世纪七十年代。

胜川春章（勝川春章，1726—1792）是活跃于日本江户时代中期的浮世绘师，留下了精确把握人物特点的逼真“役者绘”，晚年又涉猎“肉笔美人画”（亲笔绘制的浮世绘），以细腻优雅著称。这一幅画的是“饮中八仙”之一的崔宗之。画中似是春日郊外，山水花木间，一美少年席地而坐，右手撑地，左手高举，身前酒瓶酒盏罗列，神情是沉醉于美酒和自我世界中的样子。

崔宗之，唐滑州灵昌人，名成辅，袭封齐国公，历左司郎中、侍御史。工诗，与李白等诗酒唱和，常月夜乘舟，自采石达金陵。从杜甫诗句看是一个英俊潇洒的风流人物。胜川春章笔下这位“皎如玉树临风前”的少年，似乎多了些稚气柔弱，少了“白眼望青天”那种睥睨一切的豪迈自在。

八面来风
“八面”来的都是什么“风”？

“八面来风”比喻来自四面八方的信息。这是一个褒义词，比如有的报纸或杂志会设“八面来风”栏目，刊登各种不同的意见和声音，以示善于接纳之意。

这个成语从古时的“八风”演绎而来。“八风”说法不一，较早的如《吕氏春秋·有始》的简单记载：“东北曰炎风，东方曰滔风，东南曰熏风，南方曰巨风，西南曰凄风，西方曰飂（liù）风，西北曰厉风，北方曰寒风。”

本文以《淮南子》和《史记》为据，介绍“八风”的由来、命名及其有趣的含义。

《淮南子·天文训》载：“距日冬至四十五日，条风至；条风至四十五日，明庶风至；明庶风至四十五日，清明风至；清明风至四十五日，景风至；景风至四十五日，凉风至；凉风至四十五日，阊阖风至；阊阖风至四十五日，不周风至；不周风至四十五日，广莫风至。”此“八风”从条风到广莫风，是按照东北、东、东南、南、西南、西、西北、北的顺时针方向排列的。

每一种风吹来的时候，人间就要采取相应的措施，以顺应风势。

“条风至，则出轻系，去稽留。”这是立春所吹之风。轻系，罪轻的囚犯；稽留，牢狱之名。也就是说，要释放罪轻的囚犯。

“明庶风至，则正封疆，修田畴。”这是春分所吹之风。封疆，田界的标记；田畴，田地。也就是说，要准备播种了。

“清明风至，则出币帛，使诸侯。”这是立夏所吹之风。币帛，出使诸侯时馈赠的礼物。也就是说，要聘问诸侯了。

“景风至，则爵有位，赏有功。”这是夏至所吹之风，要封爵、赏赐了。

“凉风至，则报地德，祀四郊。”这是立秋所吹之风，要报答大地的恩德，祭祀四方之神。

“阊阖风至，则收悬垂，琴瑟不张。”这是秋分所吹之风。悬垂，垂挂的各种乐器。肃杀之气袭来，要收起乐器，不能作乐。

“不周风至，则修宫室，缮边城。”这是立冬所吹之风，要修缮宫室和边城，防止边寇侵扰。

“广莫风至，则闭关梁，决刑罚。”这是最冷的北风。关梁，戍守或设卡征税的关口和桥梁，这时要关闭，同时还要判决案件，执行刑罚，所谓“秋决”的死刑也要在这时执行。

《史记·律书》中则有更详细的解释：

“不周风居西北，主杀生。”

“广莫风居北方。广莫者，言阳气在下，阴莫阳广大也，故曰广莫。”

“条风居东北，主出万物。条之言条治万物而出之，故曰条风。”

“明庶风居东方。明庶者，明众物尽出也。”

“清明风居东南维，主风吹万物而西之。”

“景风居南方。景者，言阳气道竟，故曰景风。”

“凉风居西南维，主地。地者，沈夺万物气也。”

“阊阖风居西方。阊者，倡也；阖者，藏也。言阳气道万物，阖黄泉也。”

这就是古代中国著名的“八风”之说。今人但知“八面来风”，却早已不知到底是哪八种风了。而且风从八面吹来，神气的人迎着八面来风，当然也就是“八面威风”了。

冨嶽三十六景
凱風快晴

《凯风快晴》，葛饰北斋绘，约一八三一年。

这幅极为著名的作品是葛饰北斋的“名所绘”《富岳三十六景》中的一幅，描绘了夏日晴空下的富士山。葛饰北斋（葛飾北斎，1760—1849）作为浮世绘三杰之一，其画风对十九世纪之后的欧洲画坛有深远影响。《富岳三十六景》乃北斋晚年代表作，描绘由日本关东各地远眺富士山时的景色。初版绘制三十六景，后又追加十景，最终此系列实际共有四十六景。这幅《凯风快晴》与《神奈川冲浪里》《山下白雨》并称为三大传世名作。

据说暮夏初秋，当南风吹拂、天空晴朗时，富士山在阳光下会呈现美丽的赤红色，称为“赤富士”。画面略具抽象意味，富士山背后的蔚蓝晴空铺满鱼鳞状闪闪发光的白云。这是晴朗有风的夏日经常可以看到的高积云或卷积云。山顶尚有残余积雪，半山以下浸在阴影中。画面充满简洁美感。

“凯风”一词出自《诗经·国风·邶风·凯风》，意为夏天吹拂的轻柔南风，类似“八风”里的“景风”。“凯风自南，吹彼棘心”，原诗以南风起兴，感念母亲养育的辛劳，是孝子慰母之诗。“凯风”因此具有了人子思母孝亲的含义，作为典故出现在后人诗文中，常指代母爱与怀念之情。

在劫难逃
——“劫”到底有多长时间？

“在劫难逃”是一个经常使用的成语，意思很清楚：命中注定的灾祸逃也逃不掉。除了抢劫的意思之外，“劫”还是一个非常重要的佛教用语。

“劫”是一个时间概念，是梵语“劫波（kalpa）”的简称，意为极久远的时间。古印度传说世界经历若干万年毁灭一次，重新再开始，这样的一个周期叫作一“劫”。佛教引进了这个概念，认为世界从形成到毁灭这个过程是不断循环、周而复始的，从形成到毁灭的过程被称为一大劫，这一大劫中又包含了四劫，即成、住、坏、空。

成劫是产生的时期，住劫是存在的时期，坏劫是毁灭的时期，空劫是毁灭之后、再造之前的空虚阶段。在相对稳定的住劫的末期，会兴起三种灾难，称作小三灾，分别是刀兵、疫疠、饥馑；在世界毁灭的坏劫的末期，也会兴起三种灾难，称作大三灾，分别是火灾、水灾、风灾。

在坏劫之末，世界被火灾、水灾、风灾次第破坏。先是七日并出，万物悉成灰烬；然后是水灾，一片汪洋；最后是风灾，将天地吹散。在这大三灾的过程中，包括人类在内的下界众生都躲避到天界，在新一轮循环开始后的成劫阶段，再重新进入下界。

很多包含有“劫”的词汇和成语都跟这个过程有关，比如劫数难逃、劫后余生、劫火、浩劫、度尽劫波等。劫火后的余灰叫劫灰，梁代慧皎法师所著《高僧传》讲述了一个有趣的故事：“昔汉武穿昆明池底得黑灰，问东方朔，朔云不知，可问西域胡人。后法兰既至，众人追以问之，兰云：‘世

明代缂丝《蟠桃献寿图》，十六世纪，美国大都会艺术博物馆藏。

“缂丝”，又称“刻丝”，是一种中国传统丝织品，以“通经断纬”法织造，其成品正反两面如一，不同色彩的轮廓之间并不相连，凭空背光观察可见点点孔隙，有如以刀镂刻而成。宋元以来一直是皇家御用织物，常用以织造帝后服饰、御真（御容像）和摹缂名人书画。

这幅明代缂丝作品取材于东方朔偷桃的故事，是中国传统吉祥画题材。东方朔为汉武帝时人，性格诙谐，擅言辞。传说武帝寿辰之日，西王母携仙桃来贺寿，帝食后欲留核种植，西王母言：“此桃三千年一生实，中原地薄，种之不生。”又指东方朔道：“他曾三次偷食我的仙桃。”东方朔以长命一万八千岁以上而被奉为寿星。这幅缂丝上的东方朔手持仙桃，蹑足而行，略带紧张之神情而回顾，描摹生动而不夸张，实属精品。

界终尽，劫火洞烧，此灰是也。’” 原来这就是“劫灰”，后人于是就用“劫灰”来比喻大火或者战乱后的残迹。

三更半夜
这么晚了还在搞什么阴谋？

“五更”是汉代开始通行的夜间计时制度，一夜分为五个更次，每个更次大约两个小时。“五更”也叫“五夜”，最初以甲、乙、丙、丁、戊命名，称作甲夜、乙夜、丙夜、丁夜、戊夜；又叫“五鼓”，更夫用鼓打更报时。宫廷巡夜的警卫交接班都以五夜来划分安排，闻鼓声交接班。

“三更”指夜晚十一点至凌晨一点，因此“三更”就是“半夜”。那么，为什么把“三更”和“半夜”连用呢？这岂不是重复了吗？原来，“三更半夜”这个俗语竟然还有阴谋的含义在里面。

此语出自《宋史·赵昌言传》。朋党是古代中国官僚集团特有的现象，士大夫为了争取利益最大化，或者为了政治理想的实施，朋比结党。其中因科举而结成的朋党叫“科甲朋党”，是宋代以来最重要、最引人注目的朋党。

宋太宗太平兴国三年（978），有三人中了进士，状元是胡旦，省元（第三名）是赵昌言，同榜中还有一位叫董俨。三人都做了官，胡旦任起草诏令的知制诰，赵昌言任工部侍郎，董俨任掌管财政收支的度支副使。赵昌言和当时掌管盐、铁、茶专卖以及征税事宜的盐铁副使陈象舆关系很好，因此，虽然陈象舆不是赵昌言同年进士，但也加入了这个小集团，再加上一位任右正言（谏官）的梁颢，五人结成了科甲朋党，成为当朝一支重要的政治势力，他们的主要政敌是当朝宰相赵普和太子元僖。

这个科甲朋党的小集团活动异常频繁，“四人者，日夕会昌言之第。京师为之语曰：‘陈三更，董半夜。’”不管白天深夜，他们总是聚集在赵昌言的府中商讨政事。由于是公开结党，因此朝野上下都知道这个小集团，京城民谣因而称之为“陈三更，董半夜”，“陈”指陈象舆，“董”指董俨。

这个小集团指使受人雇用以抄书为业的佣书人翟颖上书诋毁时政，并且狂妄地自荐为大臣，又举荐可以充任辅臣的数十人。结果是宰相赵普流放了翟颖，同时将几人全部贬官，这个“三更半夜”的科甲朋党被一网打尽。

从此之后，“三更半夜”就成为一个固定用语，指深夜，同时含有贬义成分，比如坏了良心的人会招致“半夜三更鬼敲门”。

《青楼十二时　子之刻》（『青楼十二時　子ノ刻』），喜多川歌麿绘，约一七九四年。

喜多川歌麿（1753—1806），浮世绘三大家之一，擅长美人画，“大首绘”的创始人。他最善于敏锐捕捉和细腻刻画女性的日常生活细节和她们内心的喜怒哀乐。《青楼十二时》系列是喜多川歌麿表现吉原游女生活细节的代表作。全系列共十二幅，随时间推移展现了游女一天的生活。

“子之刻”为午夜十二点左右，画面上的女子正在更衣，似是刚刚结束一场宴会归来。跪着为游女折叠衣裳的是被称为“振袖新造”的见习游女。左侧年轻的游女换好红色便服，一面结腰带，一面侧头欲语。已是“三更半夜”，对于游女来说却是“夜未央”的旖旎时光。

三魂七魄
到底是哪“三魂”、哪“七魄”？

道家有“三魂七魄”之说，后来沿用为民间的日常俗语，比如形容一个人遇到极其恐怖的事情时，三魂七魄都吓丢了。那么，到底是哪“三魂”、哪“七魄”呢？

东晋道教学者葛洪在《抱朴子·内篇·地真》中写道：“师言欲长生，当勤服大药，欲得通神，当金水分形。形分则自见其身中之三魂七魄，而天灵地祇，皆可接见，山川之神，皆可使役也。”所谓“大药”，指的是道家的金丹；所谓“金水分形”，就是道家的“分形术”或“分身术”。

具体的“三魂”和“七魄”之名，在北宋时期张君房所编的大型道教类书《云笈七签》中阐述得最清楚。

“三魂”是人与生俱来的生命之光：“一名胎光，太清阳和之气也；一名爽灵，阴气之变也；一名幽精，阴气之杂也。”

然后更进一步解释说：“第一魂胎光，属之于天，常欲得人清净，欲与生人，延益寿算，绝秽乱之想，久居人身中，则生道备矣；第二魂爽灵，属之于五行，常欲人机谋万物，摇役百神，多生祸福灾衰刑害之事；第三魂幽精，属之于地，常欲人好色，嗜欲，秽乱昏暗，耽着睡眠。”修炼之法是“清旦日未出时，叩齿，三呼三魂三遍；夜欲卧，亦三呼”，同时还要念咒语。

“七魄”是人身体中的“浊鬼”，即影响人向更高层次升华的拖累，所谓臭皮囊是也。“其第一魄名尸狗，其第二魄名伏矢，其第三魄名雀阴，其第四魄名吞贼，其第五魄名非毒，其第六魄名除秽，其第七魄名臭肺。”从名字上就可以想象出这七种“浊鬼”的可怕面目，因此也要运用正确的修炼方法，经常呼“七魄”之名，以使“七魄和柔，与我相安，不得妄动”。

这就是“三魂七魄”的具体名称。张君房还总结有神奇炫目的“拘三魂法”和“制七魄法”，但那是道家的独特法门，普通人是难以修炼的。

梦裡團圓人未圓
觉来依旧夕孤眠
王廷棨筆

《陈眉公先生批评异梦记》卷上第八出『梦圆』插图，明代王元寿撰，陈继儒评，明万历时期师俭堂刊本。其中版画为刘素明刻。

王元寿，明代传奇作家。陈眉公即陈继儒。《异梦记》共三十二出，讲述元代金陵书生王奇俊与顾云容梦中离魂互赠信物，后历经坎坷终得团圆的爱情故事。

古代戏剧传奇中，以梦为枢纽的颇不少。“梦圆”一出，书生因岸上惊鸿一瞥，回到舟中，念念不忘。空中是执掌姻缘的使者，在他们的引导下，舟中书生与闺中美人同时入梦，离魂相会，一夜缱绻。使者念白道：“我想人间姻缘，哪一个不是梦来。”若按道家说法，他们所离之魂，大约是三魂中的“幽精”吧。

凤毛麟角

“凤毛”原来指像父亲的儿子

凤凰的毛，麒麟的角，都属于难得的宝物，“凤毛麟角”这个成语因此用来比喻那些稀有而珍贵的人才或事物。不过，“凤毛”和“麟角”组合在一起的时间很晚，最初的时候是单独使用的。

先说“麟角”。古人把麟、凤、龟、龙合称为“四灵”，麒麟更被称作仁兽。东晋葛洪所著《抱朴子·极言》中说：“若夫睹财色而心不战，闻俗言而志不沮者，万夫之中，有一人为多矣。故为者如牛毛，获者如麟角也。”以“牛毛”和“麟角”对举，牛毛多而稠密，相应地，“麟角”则非常稀少，正如同“万夫之中有一人”。

再说“凤毛”。这个称谓最早出自《世说新语·容止》：“王敬伦风姿似父，作侍中，加授桓公，公服从大门入，桓公望之，曰：‘大奴固自有凤毛。’”

王劭字敬伦，小字大奴。王劭的父亲就是东晋名臣、丞相王导，王劭是其第五子。桓公即东晋权臣桓温。

桓温评价王劭“固自有凤毛”，其后南北朝时期梁元帝萧绎所著《金楼子》中说：“世人相与呼父为凤毛。”近代著名学者余嘉锡先生在为《世说新语》所作的笺疏中说：“《金楼子》梁元帝所撰，据其所言，是南朝人通称人子才似其父者为凤毛。”不过梁元帝已经“不知此言意何所出”。

也就是说，至迟从晋代开始，才华赶得上父亲的儿子通称为“凤毛”。显然，这是把才华横溢、文采俊秀的父亲比作了“凤”。雄称“凤”，雌称“凰”，因此才有“凤毛”的比喻。

比《世说新语》稍晚几十年的《南齐书》中也记载了一则“凤毛”的趣事。据《谢超宗传》载：“新安王子鸾，孝武帝宠子，超宗以选补王国常侍。王母殷淑仪卒，超宗作诔奏之，帝大嗟赏，曰：‘超宗殊有凤毛，恐灵运复出。’”

谢超宗的祖父就是大名鼎鼎的山水诗人谢灵运，父亲是谢灵运的独子谢凤。谢超宗时任宋孝武帝刘骏的宠子、新安王刘子鸾的常侍。刘子鸾的母亲殷淑仪死后，谢超宗写了一篇悼文，孝武帝看到后，称赞他“有凤毛”。谢超宗的父亲恰恰名“凤”，“人子才似其父者为凤毛”正像为他量身定做的一般。如果以这个故事作为“凤毛”一词的语源，梁元帝当不会发出不知出处的感叹，可惜的是宋孝武帝对谢超宗的称赞，已经晚于桓温对王劭的称赞将近一百年了。

谢超宗“凤毛”的故事还有一个有趣的尾声。据《金楼子》一书记载，宋孝武帝称赞谢超宗的时候，大臣王翼在座，不知“凤毛”为何物，就问谢超宗：“弟有凤毛，吾不曾见此物，暂借一看。”谢超宗避父名讳，狼狈起身入内。王翼还以为他去取凤毛，等了很久，谢超宗出来后，王翼责问道：“凤毛止于此一看，本不将去，差无损失，那得遂不见借？”谢超宗又狼狈避去。可发一笑！

至迟到明代，“凤毛”和“麟角”才组合到一起，一直使用到今天，不过“凤毛”的本义早就消失了。

《古圣贤像传略》卷五「谢康乐像」，清代顾沅辑录，孔莲卿绘像，清道光十年（一八三〇）刊本。

《古圣贤像传略》是一部汇编历代名贤画像的图谱书籍，共十六卷，收录自上古仓颉、后稷至明代陈子龙、冒襄四百多幅人物画像，每人一图一传，摹绘精细。这一幅绘的是谢灵运半身像。谢灵运小名“客”，自幼颖悟，博览群书，文章之美，江左莫逮。十八岁袭封康乐公，世称谢康乐。由谢灵运始，山水诗乃成中国文学的一大流派。他政治上常有浮沉，便寄情山水，其诗“名章迥句，处处间起；丽典新声，络绎奔会”（钟嵘语）。

他曾说：“天下才共一石，曹子建独得八斗，我得一斗，自古及今共用一斗。”对自己的才华极为自信。画中这位凤毛麟角般人物已是垂垂老者，不复高傲恣肆之气，面容温和，是一位笃信佛教的老人模样了。

謝康樂像

天花乱坠
真的是只会说漂亮话吗？

佛经《妙法莲华经》卷一中栩栩如生地描绘了佛陀释迦牟尼为诸菩萨讲解《大乘经》后的生动场景：“佛说此经已，结跏趺坐，入于无量义处三昧，身心不动。是时天雨曼陀罗华、摩诃曼陀罗华、曼殊沙华、摩诃曼殊沙华，而散佛上，及诸大众。普佛世界，六种震动。”

佛教中，修行者的标准坐姿是两足交叉置于左右股上，这就叫“结跏趺坐”。“跏”的本义是脚向里弯曲，“趺”的本义是脚背，“跏趺”即指两脚向里弯曲，脚背朝下的坐姿。

佛陀此经一讲完，天上降下四种奇花，分别为“曼陀罗华、摩诃曼陀罗华、曼殊沙华、摩诃曼殊沙华”。曼陀罗花是一年生草本植物，别名风茄儿、洋金花；曼殊沙花即石蒜花，俗称龙爪花，石蒜科多年生草本植物。“摩诃”是梵语译音，意为大、多、胜，可见乃是天上之花。

不过也有人认为曼殊沙花指红花石蒜，曼陀罗花指白花石蒜，而“曼陀罗”才指茄科的风茄儿。这种区别早已被后人混淆了。

佛陀讲完经后的这一幕景象，就是我们现在经常使用的成语“天花乱坠”的原始出处。在佛教中，“天花乱坠”本来是指讲经讲到妙处时感动了上天，因而降下的一种吉祥景象。《大乘本生心地观经》中同样记载了这种奇异的天象：“六欲诸天来供养，天华（花）乱坠遍虚空。”包括四种奇花在内的更多的天花“于虚空中缤纷乱坠”，恰是“天花乱坠”这一奇景的形象写照。

但是因为佛教是从印度传来的外来宗教的缘故，中国人不相信这种奇异的天象，因而后来就把出自佛经的“天花乱坠”一词歪曲成光会说漂亮话，不切实际的意思。这是汉语中一个褒义词转变成贬义词的有趣案例。

但是“天花”毕竟是一种非常美丽的意象，因此红色、黄色、白色的纯洁的佛教之花同样成为中国传统文化的经典意象。宋代诗人杨杰《雨花台》一诗中有四句吟咏“天花”：“贝叶深山译，曼花半夜飞。香清虽透笔，蕊散不沾衣。”“贝叶”指佛经，佛经在深山中传译；“曼花”即曼陀罗花。苏辙也有一首《雨花岩》专咏“天花”：“岩花不可攀，翔蕊久未堕。忽下幽人前，知子观空坐。”其中“翔蕊”描写的就是“天花乱坠”的美丽景象。

《白莲社图》卷局部，传北宋张激绘，纸本墨笔长卷，辽宁省博物馆藏。

张激（生卒年不详，约公元十一世纪—十二世纪初），字投子，号投子同叟。工人物、佛道、山水，画法受李公麟影响。《白莲社图》卷描绘东晋元兴年间，莲宗初祖慧远在庐山东林寺同十八位贤士建白莲社专修净土法门，并与陆修静、陶渊明、谢灵运相善故事。此图纯用白描，画技高超，笔法飘逸流畅。

这一段画的是东林普济大师竺道生坐台讲经，道敬、雷次宗、昙诜、执经俗士围床听经。在一片巨石环抱中，众高僧趺坐，俗士跪坐，或沉思，或聆听，俗士身后还有一个童子搔头晃脑。竺道生十五岁便登讲座，以慧解著称，主张佛性常有与顿悟。传说他最初阐释新义，旧学不许，以为邪说，便袖手入虎丘山，竖石为听徒，讲《涅槃经》，至阐提有佛性处曰：如我所说，契佛心否？群石皆首肯。这就是“生公说法，顽石点头”的由来。顽石点头虽不及天花乱坠那么漂亮，但其事似更令人动容。

打草惊蛇
原来是形容两个贪官

打草而惊蛇，比喻计划不周密，走漏了风声，结果惊动了对方，就像蛇一样溜之大吉。这个比喻义是今天使用的义项，但是这个成语最初的义项却与此并不完全相同。

“打草惊蛇”一词出自由南唐入仕宋的学者郑文宝所著《南唐近事》一书：“王鲁为当涂宰，颇以资产为务。会部民连状诉主簿贪贿于县尹，鲁乃判曰：‘汝虽打草，吾已蛇惊。’为好事者口实焉。”

南唐时期，当涂县令是一个叫王鲁的人，此人“颇以资产为务”，这是一种委婉的说法，意思当然就是贪污受贿。适逢当涂百姓连名上状，向县令控诉主簿贪贿。主簿是类似于文书的官员。王鲁接到状子，不由地吃了一惊，因为他这位县令其实跟主簿一样贪污受贿啊！不过王鲁很可爱，提笔就在状子上批道：“汝虽打草，吾已蛇惊。”你们虽然打的是主簿这根草，可是我这个县令已经像草丛中的蛇一样受惊了。

明代藏书家郎瑛所著《七修类稿》卷二十四的记载稍有不同：“‘打草惊蛇’，乃南唐王鲁为当涂令，日营资产，部人诉主簿贪污，鲁曰：‘汝虽打草，吾已惊蛇。’”王鲁担任县令，唯一做的事就是“日营资产”，这个评价就很不客气了。上有所好，下必甚焉，县令如此，他手下的主簿又怎么能够清廉呢？

清人唐训方所著《里语徵实》则直指王鲁“黩货为务”，“黩货”即贪污纳贿。唐训方在引述了这个故事之后注解道：“言汝诉主簿贪贿如打草，则我为蛇之被惊已知戒矣。”这个注解非常准确地传达了王鲁判词的含义：你们向我控诉主簿贪贿，我一定要惩罚对方；但同时你们也提醒了我，原来我的行为跟主簿一样，我也因此受到了警诫。

这就是“打草惊蛇”一词的最初含义。今天只用来比喻做事泄密而惊动对方，失去了这个成语中的自警自诫成分，王鲁在状子上的公开判词岂非成了无源之水、无本之木？

《十二支 巳 水无月》，石川丰雅绘，约十八世纪七十年代。

石川丰雅（石川豊雅，生卒年不详），日本江户时代浮世绘师，石川丰信的门人，主要创作锦绘与红摺绘。

“巳”在十二支中排第六位，日本历中的六月称为“水无月”。一说“水无月”的意思是“水之月”，浇灌田地的月份；也有人认为农历六月的日本刚刚度过难熬的梅雨季节，空气终于变得干爽了起来，因此叫作“水无月”。画面上出现的都是与水无月和“巳”相关的元素：灌溉田地的农人，树上缠绕的两条大蛇（巳蛇）。夏天的确是人类会频繁与蛇遭遇的季节。

十二支 巳
水無月
石川豊雅画

阳春白雪
为什么形容高雅？

“阳春白雪”常常跟“下里巴人”对举，形容非常高雅的人或事物，自然，“下里巴人”就是非常不高雅，最下层的人或事物了。

这两个成语都出自楚国辞赋家宋玉针对他人的谗毁所作的自我辩解的名篇《对楚王问》。其实不仅这两个成语，还有“阳阿薤露”“曲高和寡”这两个成语也都出自这篇文章。短短一篇文章，居然一下子为汉语词汇库贡献了四个成语，可谓少见。

楚襄王问宋玉：“先生您是不是有什么不良行为啊？为什么那么多人都说你的坏话呢？”

宋玉回答道：“客有歌于郢中者，其始曰《下里》《巴人》，国中属而和者数千人。其为《阳阿》《薤露》，国中属而和者数百人。其为《阳春》《白雪》，国中有属而和者，不过数十人。引商刻羽，杂以流徵，国中属而和者，不过数人而已。是其曲弥高，其和弥寡。”

“郢（yǐng）中”指楚国的都城郢都。“下里”就是乡里，“巴人”指巴国的百姓。相对于楚人来说，巴人的文化水平很低，因此《下里》和《巴人》就是两首烂大街的通俗歌曲，人人都会唱。

《阳阿》是稍微高雅一点的乐曲。“薤（xiè）”是多年生草本植物，地下有鳞茎，鳞茎和嫩叶可食。“薤露”即薤叶上的露水。《薤露》是一曲挽歌，比喻人的命运就像薤叶上的露水，太阳一出来就干了，因此《薤露》也是稍微高雅一点的乐曲。

如今的《阳春白雪》是古琴十大名曲之一，但是跟宋玉时期的“阳春白雪”却没有什么关系。当时的《阳春》和《白雪》是两首器乐曲。明太祖之子朱权编纂的古琴谱集《神奇秘谱》解题道：“《阳春》取万物知春、和风淡荡之意，《白雪》取凛然清洁、雪竹琳琅之音。”《白雪》相传是春秋时期著名音乐家师旷所作，和《阳春》一样非常高雅，很难精通。高雅到什么程度呢？据《淮南子·览冥训》载：“昔者师旷奏《白雪》之音，而神物为之下降，风雨暴至。”

宋玉讲的这个故事是说：有一位歌者，先唱《下里》《巴人》的时候，跟着他唱的有数千人；再唱《阳阿》《薤露》的时候，跟着他唱的有数百人；再唱《阳春》《白雪》的时候，跟着他唱的只有数十人；最后的“引商刻羽，杂以流徵”则是音乐的最高境界，能够跟着唱的只有几人而已。

古代五声音阶分为宫、商、角（jué）、徵、羽。商音是凄怆悲凉的高音，“引商”指延长商音；羽音是清音，“刻羽”指紧急、尖刻的羽音；“流徵”指流畅的徵音，在“引商刻羽”之中间杂以流畅的徵音。

这样看来，最为“曲高和寡”的并非《阳春》《白雪》，而是“引商刻羽，杂以流徵”的音乐。

《人物故事图册》之『高山流水』，明代仇英绘，绢本设色，北京故宫博物院藏。

《人物故事图册》全册共十开，取材于历史故事、寓言传说、文人逸事和诗文寓意，工笔重彩，敷色艳丽，人物情态描绘得细腻精微，建筑器皿工整精细，山石树木形态各具，又以环境烘托，整体色调和谐、清雅。“高山流水”页描绘了春秋时期伯牙抚琴遇知音的故事。俞伯牙为晋国上大夫，钟子期却是一个柴夫。画面上俞伯牙在草亭弹琴，钟子期拾级而上，正是这对千古知音相遇的一刻。周遭高山飞瀑、松林流水环绕，更衬托出琴音之清，人物之雅，知音之难得。

史载：伯牙善鼓琴，钟子期善听。伯牙鼓琴，志在高山。钟子期曰：“善哉！峨峨兮若泰山！”志在流水，钟子期曰：“善哉！洋洋兮若江河！”子期死，伯牙摔琴绝弦，终生不复鼓琴。传说琴曲《高山》《流水》和《水仙操》都是俞伯牙作品。

回天之力
“天”原来指皇帝

“回天之力”这个成语是形容能够挽回局面的极大力量，相反意思的成语则有回天无力、回天乏术等。什么叫可以挽回的“天”？我们来看看这个成语的演变过程。

《后汉书·宦者列传》载，汉桓帝时期，外戚大将军梁冀专权，汉桓帝联合宦官集团诛杀梁冀，却反而又开启了宦官专权的局面。汉桓帝封宦者单超为新丰侯，徐璜为武原侯，具瑗为东武阳侯，左悺（guàn）为上蔡侯，唐衡为汝阳侯，“五人同日封，故世谓之‘五侯’”。

单超病死，“其后四侯转横，天下为之语曰：‘左回天，具独坐，徐卧虎，唐两墯。’”“具独坐”，唐代学者李贤注解说：“独坐言骄贵无偶也。”具瑗骄贵无匹，竟然无人敢和他并坐。“唐两墯”，“墯”通“堕”，李贤注解说：“两墯谓随意所为不定也，今人谓持两端而任意为两墯。”意思是唐衡行事无所顾忌，任意而为。至于“徐卧虎”，是形容徐璜就像一头卧在朝廷中的猛虎。而“左回天”，则是形容左悺有扭转乾坤之力。能够将正常运行的天道给回转过来，不是扭转乾坤是什么？

“天”至高无上，因此国君亦称“天”。比如虢国夫人“素面朝天”，就是形容虢国夫人自恃天生丽质，不施脂粉而朝见皇帝唐玄宗。

唐代史学家吴兢在《贞观政要·纳谏》篇中讲了一个故事：“贞观四年，诏发卒修洛阳之乾元殿以备巡狩。”“巡狩”亦作“巡守”，指天子出行，视察邦国州郡。唐代国都在长安，却还要劳民伤财，修建洛阳的乾元殿以备

《帝鉴图说》下卷之『十侍乱政』，明代张居正等编，蝴蝶装，明万历元年（一五七三）潘允端刊本。

《帝鉴图说》是明万历朝内阁首辅张居正专为小皇帝朱翊钧编纂的教材，全书分上下两卷，一图一故事，讲述历代帝王或“善可为法”，或“恶可为戒”的事迹。

“十侍乱政”编入下卷“狂愚覆辙”，是“恶可为戒”的行为。背景是汉桓帝封单超、徐璜、具瑗、左悺、唐衡等五人为列侯，因侯览献上五千匹缣封其为高乡侯，又封小黄门八人为乡侯。这些人把持朝政，擅权贪纵，横行无忌，后人评曰：“阉人擅命，党锢事起，非乎乱阶，始于桓帝。”汉桓帝由此成为“亲小人、远贤臣”的昏君代表。画面上的汉桓帝被宦官小人包围，袖手无为，其下是五侯十侍据势擅权、交通贿赂的乱象，一片乌烟瘴气。

巡狩，时任给事中（驳正错误政令之官）的张玄素上书，以隋亡的教训加以劝谏。

唐太宗李世民很生气，问他："卿以我不如炀帝，何如桀、纣？"你认为我连隋炀帝都不如，那么跟桀、纣相比如何？张玄素丝毫不惧，从容答道："若此殿卒兴，所谓同归于乱。"如果乾元殿最终建了起来，那么您就和他们一个样。

唐太宗对宰相房玄龄说："以卑干尊，古来不易，非其忠直，安能如此？且众人之唯唯，不如一士之谔谔。可赐绢二百匹。""唯唯"，恭敬的应答声，形容卑恭顺从；"谔谔"，直言争辩的样子。

唐太宗称赞张玄素"忠直"，不仅赐他二百匹绢，而且立刻停工。魏征听说这件事后，评论道："张公遂有回天之力，可谓仁人之言，其利溥哉！"这里的"回天之力"，就是指张玄素使唐太宗这位"天"回心转意，改变了原先错误的决定。当然，今天使用这个成语，都是用的比喻义了。

沐猴而冠
不是给猴子洗澡后戴上帽子

很多人把“沐猴而冠”理解成给猴子洗完澡后，再给它戴上帽子，其实大谬不然。

这个成语出自《史记·项羽本纪》:“项羽引兵西屠咸阳，杀秦降王子婴，烧秦宫室，火三月不灭，收其货宝妇女而东。人或说项王曰：‘关中阻山河四塞，地肥饶，可都以霸。’项王见秦宫皆以烧残破，又心怀思欲东归，曰：‘富贵不归故乡，如衣绣夜行，谁知之者。’说者曰：‘人言楚人沐猴而冠耳，果然。’”

北宋学者陆佃所著《埤雅》一书中描述了猴子的特性：“猴善候，其字从侯。《白虎通》曰：‘侯，候也。楚人谓之沐猴。’旧云此兽无脾以行消食。盖猿之德静以缓，猴之德躁以嚣。”

明代医学家李时珍在《本草纲目》中的引文则有不同：“班固《白虎通》云：‘猴，候也。’见人设食伏机，则凭高四望，善于候者也。猴好拭面如沐，故谓之沐，而后人讹沐为母，又讹母为猕，愈讹愈失矣。”

李时珍也记载了猴子的特性：“其性躁动害物，畜之者使坐上，鞭掊旬月乃驯也。”

综上所述，楚地出于口音，把猴子就叫作“沐猴”，只不过是把这个音写成了“沐”字，不是给猴子洗澡。李时珍所说“猴好拭面如沐，故谓之沐”，不过是想当然的附会之言而已。

至于“人言楚人沐猴而冠”，唐代学者司马贞在《史记索隐》中说：“猕猴不任久着冠带，以喻楚人性躁暴。”“猴之德躁以嚣”，猴子本性急躁，不能像人一样长久地戴着帽子。说客以此讽刺项羽就像猕猴戴上了人的帽子一样，看着是人样，骨子里仍然是一只野兽，同时也讽刺他性格暴躁，不能长久地经营关中之地。

有人向项羽转述了说客对他的这句评价，“沐猴而冠”的项羽一听登时大怒，“烹说者”，立马派人抓住了那位说客，投到大锅里活活给煮死了。

顺便说一句，这个故事也是“衣锦夜行”“衣锦还乡”等成语的出处。

《无双谱》之『西楚霸王项籍』，清代金古良编绘，朱圭刻，清康熙三十三年（一六九四）刊本。

《无双谱》又名《南陵无双谱》，绘者精心挑选自汉至宋一千四百多年间的四十位事迹举世无双的名人，绘成绣像并题诗文。绘画者是擅长人物画创作的绍兴人金古良，镌刻者朱圭则是康熙时期的御殿刻工，均为当时名家。人物生动传神，刻工精美，号称诗书画三绝，乃清初浙派版画力作。

项羽是《无双谱》中第二个人物，画面描绘的是项羽兵败，歌垓下之曲，欲拔剑自刎一幕。史学家称“羽之神勇，千古无二”，一朝自刎，令后人纷纷痛惜他“身经七十战，一败竟无成”。画中虽英雄末路，神勇之气不减，大战之后，盔甲依然鲜明严整，只可惜这身“锦衣”再也无法向江东父老炫耀了。

牝鸡司晨
“牝鸡”到底是什么鸡？

“牝鸡司晨”是一个成语，但是在日常生活中的使用频率非常之低，通常使用于书面语中。想知道“牝鸡”到底是什么鸡，就得了解古人关于动物性别的分类。

古人对动物性别的分类很细：“飞曰雌雄，走曰牝牡。”飞禽的性别分为雌雄，走兽的性别分为牝牡。其中雌性的走兽称作牝（pìn），雄性的走兽称作牡。因此“牝马”就是母马，“牝牛”就是母牛，那么“牝鸡”也就是母鸡。

“牝鸡司晨”这个成语出自《尚书·周书》中的《牧誓》一篇。《牧誓》是周武王起兵伐商，在牧野决战之前的誓辞。周武王作此誓辞时引用了古人之言：“牝鸡无晨；牝鸡之晨，惟家之索。”这句比周代还要久远的格言分为两个部分：“牝鸡无晨”，母鸡没有在早晨打鸣的道理；“牝鸡之晨，惟家之索”，如果母鸡在早晨打鸣，那么这户人家就一定是要衰落了。

母鸡当然不会在早晨打鸣，因此西汉学者孔安国解释这句格言的隐喻是：“索，尽也。喻妇人知外事，雌代雄鸣则家尽，妇夺夫政则国亡。”周武王引用这句格言，意在讨伐殷纣王唯妲己之言是听，暴虐百姓，从而为自己伐商奠定了政治合法性。从此之后，“牝鸡司晨”就成为妇人干政的专用名词，同“红颜祸水”一样，是对古代中国女性的最大诬蔑。

唐太宗李世民的长孙皇后，史书对她评价极高，原因之一就在于不参与政事。据《新唐书·后妃传》载：“与帝言，或及天下事，辞曰：‘牝鸡司晨，家之穷也，可乎？'"

明代学者方孝孺在《戒妖文》中写道："牝晨羝乳，人以为异，斁伦败俗，其祸尤著。""斁（dù）"是败坏之意。"羝（dī）"是公羊，当年匈奴将苏武放逐于北海，让他放牧公羊，言明"羝乳"方可归汉。公羊当然不可能产乳，而竟然与"牝鸡司晨"相提并论，都被视为妖异之事，由此也可见男权社会对女性歧视之深。

《历朝贤后故事图册》之『含饴弄孙』，清代焦秉贞绘，绢本设色，北京故宫博物院藏。

《历朝贤后故事图册》共十二帧，取材自历代有良好德行的皇后、太后的故事，她们或勤俭仁厚，或贤淑孝顺，或不问政事，或不佞外戚，旨在宣传伦理纲常，给后宫妃嫔们树立行为楷模。图中仕女形象柔弱，设色浓艳，楼台界画精工。这帧图的主角是东汉明帝明德马皇后，她性格温和大度，生活节俭，无子，在养子刘炟即位后被尊为皇太后，从此不问政事，专心含饴弄孙。作为后宫女子，马皇后是比较幸运的，虽然无子，但她与明帝始终夫妻恩爱，当了太后也备受养子尊敬，只是未能长寿。

马齿徒增
“马齿”跟人的年龄有什么关系？

“马齿徒增”是一个自谦之词，谦称自己年岁渐长却虚度光阴，没有任何成就。这个成语今天的老一辈人还在使用，书面语中也常见。“马齿”本来指马的牙齿，为什么可以用作人的谦称呢？

“马齿徒增”这个成语出自春秋时期著名的“假道灭虢”的故事。这个故事在春秋三传中都有记载，我们来看《谷梁传·僖公二年》的记载：“晋献公欲伐虢，荀息曰：‘君何不以屈产之乘、垂棘之璧而借道乎虞也？’公曰：‘此晋国之宝也，如受吾币而不借吾道，则如之何？’荀息曰：‘此小国之所以事大国也。彼不借吾道，必不敢受吾币。如受吾币而借吾道，则是我取之中府而藏之外府，取之中厩而置之外厩也。’”

“屈产”和“垂棘”都是晋国的地名，前者产良马，后者产美玉。晋大夫荀息劝说晋献公用屈产之乘和垂棘之璧向虞国借道伐虢，晋献公舍不得，借故说万一虞国接受了礼物却不借道怎么办。荀息深刻地指出：“虞国如果不愿借道，那么一定不会接受礼物；如果接受了礼物借道，对我们晋国来说，无非是将美玉从内库藏之于外库，将良马从宫中的内厩藏之于宫外的外厩而已。”

晋献公忌惮虞国大夫、著名政治家宫之奇，荀息分析说：“宫之奇为人，虽然心地明白但是却很懦弱，因此不能拼命进谏；他又是从小和虞公一起长大的玩伴，虞公因为亲昵就会轻视他的劝谏。况且玩物就在眼前，而忧患则在以后，这是中等智力以上的人才能考虑到的，我料想虞公乃是中等智力以下的人。”

果然，正如荀息所料，当晋献公借道的时候，虞公没有听从宫之奇的劝谏，接受了良马和美玉，宫之奇叹息道："语曰：‘唇亡则齿寒。’其斯之谓与！”遂携带妻子和子女投奔了曹国。

晋献公灭虢之后五年又攻破了虞国，这时，戏剧性的一幕出现了："荀息牵马操璧而前曰：‘璧则犹是也，而马齿加长矣！’”“加长”不是指牙齿长长，而是指牙齿增加，意味着马的年龄增加了五岁，因此，这里的“长”应该读 zhǎng。

《公羊传》的记载稍有不同。攻破虞国之后，“虞公抱宝牵马而至，荀息见曰：‘臣之谋何如？’献公曰：‘子之谋则已行矣。宝则吾宝也；虽然，吾马之齿亦已长矣！’”这当然是晋献公对荀息的戏言。

虞公只不过白白替晋献公养了五年马，最终还得将马归还，后人因此用“马齿徒增”或“马齿徒长”来比喻虚度光阴，也用“马齿”作为年龄的谦辞。值得一提的是，从这个著名的故事中，竟然一口气产生了三个成语：假道灭虢、唇亡齿寒、马齿徒增。

《逃走的绘马》（『絵馬から逃げる馬』），鱼屋北溪绘，一八三四年。

鱼屋北溪（魚屋北渓，1780—1850），本名为岩洼初五郎，葛饰北斋收留的第一位门生，因生于经营鱼店的家庭，从北斋门下出师后便以鱼屋北溪作为个人名号。

绘马是在日本神社、寺院里祈愿时用的一种奉纳物。日本人自古视马为神明的坐骑，便有信徒将活马奉献神社以表虔诚或祈愿，渐渐发展为在木板上一面绘制马匹图案，另一面空白供信众书写姓名、心愿，称为“绘马”。后来形状图案越来越丰富多样，也不仅限于画马了。这幅画中，一匹神俊的绘马忽然“活”了，居然从绘马架上逃了下来。看它表情，似带几分得意。它四蹄奋飞，不知要去向何处。绘马可以永远神俊，活马则不免马齿增长，终有衰老的一天。

地老天荒
“天”到底有多“荒”？

举凡汉语文化圈的人，一说起“地老天荒”这个成语，脑海里立刻就会浮现出一幅甚至类似于史前时代的遥远荒凉的画面。“地”和“天”本是空间概念，配上“老”和“荒”之后居然变成了时间概念，极言历时之久远。

“老”本来用之于人，七十曰老，转而用之于地和天，形容衰老，比如李贺“天若有情天亦老”的名句。因此，天地若老必须有情，或天地本身有情，或观照天地的人有情，正如汤显祖戏曲《紫箫记》中的名句：“合影连心，昆明池馆。织女临河，仙郎对岸。地老天荒，海枯石烂。永劫同灰，无忘旦旦。”男女同誓，其情可知。

“老”义既明，那么，“天荒”的“荒”到底有多“荒”呢？《说文解字》:“荒，芜也，一曰草淹地也。”这是“荒”的本义。又可以引申为“远”，而且远的距离有非常具体的所指。据《尚书·禹贡》记载，上古时期，以王畿为中心，五百里为一区划，由近及远共分为甸服、侯服、绥服、要服、荒服，合称“五服”，“服”乃服事天子之意。据此则荒服为两千五百里之外。

古时交通不便，如此遥远的距离在古人的心目中已经远在天外。贾谊《过秦论》称秦孝公“有席卷天下，包举宇内，囊括四海之意，并吞八荒之心”，荒服本已极远，而竟至于“八荒”，可见野心之大。因此古人将“荒”配以天，称作“天荒”，极言远在天外。王充在《论衡·恢国》篇中说：“匈奴时扰，正朔不及，天荒之地，王功不加兵，今皆内附，贡献牛马。此则汉之威盛，莫敢犯也。”匈奴相比汉朝当然极远，故称“天荒之地”。

“天荒”甚至还比附于人事。五代王定保所著《唐摭言》记载了这样一个故事：“荆南解比，号‘天荒’。大中四年，刘蜕舍人以是府解及第，时崔魏公作镇，以破天荒钱七十万资蜕。蜕谢书略曰：‘五十年来，自是人废；一千里外，岂曰天荒。’”

“比”指科举考试，“解比”指选送应举者参加科举考试。刘蜕是荆南人（今湖南长沙一带），在唐代科举中，荆南地区五十多年来从无一人中举，时人号为“天荒”。唐宣宗大中四年（850），终于有刘蜕考中进士，荆南节度使崔铉特地奖励他七十万钱。刘蜕写信致谢，说：“五十年来只因荆南人不争气才没有中进士，况且荆南离长安也只有一千里的路程，怎能称为‘天荒’？”

这就是“地老天荒”的来历，同理也可以写作“天老地荒”，“破天荒”的俗语也由此而来。

《长恨歌图》下卷，局部，狩野山雪绘，绢本工笔重彩，爱尔兰切斯特·比替博物馆藏。

狩野山雪（1590—1651），日本江户时代早期狩野派画师，自号蛇足轩、桃源子、松柏山人。此故事长卷《长恨歌图》分上下两卷，以白居易《长恨歌》为蓝本，描绘了唐明皇与杨贵妃凄美的爱情故事，大约绘于1646年。下卷主要描绘死别之后明皇对贵妃千折百回的思念。这一段画的是"夕殿萤飞思悄然，孤灯挑尽未成眠。迟迟钟鼓初长夜，耿耿星河欲曙天"。明皇夜半枯坐，黯然伤情，被无望的思念淹没。画面非常抒情。《长恨歌》以"天长地久有时尽，此恨绵绵无绝期"结笔，缠绵悱恻，有余不尽。

冰清玉润
原来是翁、婿的美称

挚峻，字伯陵，西汉时期的隐士，与司马迁交好。司马迁做官之后，给他写了一封信："迁闻君子所贵乎道者三，太上立德，其次立言，其次立功。伏惟伯陵材能绝人，高尚其志，以善厥身，冰清玉洁，不以细行荷累其名，固已贵矣。然未尽太上之所由也。愿先生少致意焉。"

司马迁劝挚峻出山做官，"太上立德"，但被挚峻拒绝了。"冰清玉洁"这个成语即由此信而来。三国时期，曹植在为光禄大夫荀彧所写的悼文中，称赞荀彧"如冰之清，如玉之洁"，这是对"冰清玉洁"的最好解释。

不过，还有一个成语，跟"冰清玉洁"只有一字之差，含义却大相径庭。这个成语叫"冰清玉润"。

《世说新语·言语》篇中载："卫洗马初欲渡江，形神惨悴，语左右云：'见此芒芒，不觉百端交集。苟未免有情，亦复谁能遣此！'"

著名美男子卫玠时任太子洗马，中原战乱，卫玠渡江迁居南方。余嘉锡先生在为《世说新语》所作的笺疏中说："当将欲渡江之时，以北人初履南土，家国之忧，身世之感，千头万绪，纷至沓来，故曰不觉百端交集，非复寻常逝水之叹而已。"

南朝梁学者刘孝标注引《卫玠别传》："裴叔道曰：'妻父有冰清之资，婿有璧润之望，所谓秦晋之匹也。'"《晋书·卫玠传》的记载则是："玠妻父乐广，有海内重名，议者以为'妇公冰清，女婿玉润'。"

这就是"冰清玉润"一词的来历，后人遂将其用作翁、婿的美称，也省称为“冰玉”。苏轼因“乌台诗案”被贬，友人王定国亦受牵连，苏轼心中甚为不安，写了一封《与王定国书》安慰友人，其中说：“知今日会两婿，清虚阴森，正好剧饮，坐无狂客，冰玉相对，得无少澹否？”“冰玉相对”即指翁、婿相对。

因为这个典故，后人也用“玉润”或“润玉”来作为女婿的美称。明末清代戏曲家李渔所作《风筝误》第四出“郊饯”，描写布政官戚天衮为应朝廷征召的同榜弟兄詹烈侯饯行，詹烈侯以二女婚事相托戚天衮，戚天衮回答道：“承台命，我中心敬领，定搜寻一双润玉配清冰。”“润玉”即指女婿，“清冰”即指詹烈侯。

春潮画

《竹林七妍》(『女見立竹林七賢人』)，胜川春潮绘，约一七八八年。

胜川春潮（勝川春潮，生卒年不详），胜川春章的门人，其美人画受鸟居清长影响，颀长柔美。这幅双联画描绘了七个游女及两个侍女，七游女模拟“竹林七贤”的样子，立于竹丛之畔，衣袂飘飘，顾盼做姿。这种类似cosplay（角色扮演）的风格在浮世绘美人画中很流行，“竹林七贤”主题也被多次借用。胜川春潮是当时的美人画名家，图中女子错落有致，面容柔和，衣饰鲜艳，整体色调丰富和谐。

沆瀣一气
“沆”“瀣”本来是两个人

“沆瀣一气”比喻臭味相投的人勾结在一起。“沆（hàng）”是白色的霭气，“瀣（xiè）”是夜间的水气，“沆瀣”合在一起即指夜间的水气、露水。

不过，作为成语的“沆瀣一气”中，“沆瀣”却并不是指夜间的水气，而是指两个人。

北宋钱易所著《南部新书》中记载了一则逸事：“乾符二年，崔沆放崔瀣，谈者称：‘座主门生，沆瀣一气。’”王谠所撰《唐语林》则有更详细的记载：“崔相沆知贡举，得崔瀣。时榜中同姓，瀣最为沆知。谈者称：‘座主门生，沆瀣一气。’”

这两个人同姓，都姓崔，一个叫崔沆，一个叫崔瀣。崔沆是唐僖宗时的宰相，乾符二年（875）主持进士科考试，刚好有一个考生叫崔瀣，文章做得非常好，崔沆爱不释手，就录取了崔瀣。按照常规，考生中试后要面见主考官（称“座主”）致谢，崔沆非常欣赏崔瀣，于是二人谈了很久，相互知心。事情就有这么巧，二人名字中的“沆”和“瀣”合在一起居然是一个固定词组，即“沆瀣”，也就是夜间的水气的意思，于是当时的人们就把二人的名字联系在一起，造了两句歌谣来打趣二人：“座主门生，沆瀣一气。”这两句歌谣丝毫没有贬义，纯粹是灵机一动造出来的文字游戏。

清人曾朴所著谴责小说《孽海花》第三十四回“双门底是烈女殉身处 万木堂作素王改制谈”中写道：“皓东的敏锐活泼，和胜佛的豪迈灵警，两雄相遇，尤其沆瀣一气。”这里的“沆瀣一气”非但没有贬义成分，简直就

《尚友图》，清代张琦、项圣谟绘，纸本设色，顺治九年（一六五二），上海博物馆藏。

张琦，浙江嘉兴人，擅长写真。项圣谟（1597—1658），字孔彰，号易庵，长于画，交游广泛。这幅《尚友图》由张琦写像，项圣谟补景并题，系项氏回忆四十岁时与五老游于艺林之情景。图中红衣正坐者是董其昌，蓝巾者是陈继儒，高角巾者是项圣谟，出家人是释智舷，下首左侧坐于石上者是鲁得之，右侧捻须倚石者是李日华。众友于松间石上，酌酒论道，是董其昌及其时代艺林雅集盛事写照。项圣谟题曰：“项子时年四十，在五老游艺林中，遂相称许。相师相友，题赠多篇。沧桑之余，仅存什一。今惟与鲁竹史往还，四公皆古人矣……五老皆深翰墨缘，往还尚论称忘年。相期相许垂千古，画派诗禅已并传。”完成此画时，项圣谟年逾五十，大明江山也早已倾颓，画中渗透着浓浓的追忆之情。

是一个地地道道的褒义词，夸奖两雄气味相投。

后世几经演变，“沆瀣一气”才从褒义词变成了贬义词，真是可惜了一个好词！

饮鸩止渴
“鸩”原来是一种有毒的鸟

人们常常把“饮鸩止渴”误写作“饮鸠止渴”，这是不对的；人们也常常把“饮鸩止渴”的“鸩”径自当作一种毒酒来理解，也是不准确的。

“鸩（zhèn）”是一种令人谈之色变的鸟，又称同力鸟，南宋学者罗愿在《尔雅翼》中总结了这种鸟的特性：“鸩，毒鸟也，似鹰，大如鸮。毛紫黑色，长颈赤喙。雄名运日，雌名阴谐。天晏静无云则运日先鸣，天将阴雨则阴谐鸣之。故《淮南子》云‘晕日知晏，阴谐知雨’也。食蝮蛇及橡实。”

“鸮（xiāo）”是猫头鹰一类的鸟，鸩的体形与之相当。雄的叫“运日”，雌的叫“阴谐”，《淮南子》所谓“晕日知晏，阴谐知雨”，就是说雄的鸩鸟天清无云时鸣叫，雌的鸩鸟天阴欲雨时鸣叫。鸩鸟很不容易得到，因为它们只生活在蛇蝎出没、古木参天的深山老林里，雌雄双宿双飞，简直是一对雌雄杀手。

罗愿接着写道：“古人以其羽翮历酒中，则能杀人，谓之鸩酒。”“翮（hé）”是翅膀。把翅膀上的羽毛在酒中蘸上一蘸，就能够杀人，这种酒就是鸩酒。喝了鸩酒的人，顷刻间白眼朝天，身发寒颤，如同大醉，心里明白却说不出话，接着五脏俱溃，神经麻痹，闭上眼睛就死了。鸩酒在古代历史上起着非常重要的作用，常常可以看到史书中赏赐鸩酒的记载，皇宫内部的血腥谋杀也以鸩酒为上选。

既有毒物就有解毒之法。《尔雅翼》接着写道：“凡鸩饮水处，百虫吸之皆死。或得犀牛，蘸角其中，则水无毒。此鸟与犀相伏。今南方山川有鸩处必有犀，盖天资之以育物。”

“鸠（jiū）”则是鸠鸽科的鸟的泛称，比如斑鸠。这种鸟很常见，也没有什么毒性。因为字形相近的原因，人们常常把两者混淆。

鸩鸟因为太过恐怖，而且常常被别有用心的野心家用作实施阴谋诡计的工具，因此历朝历代都严令不准产于南方的鸩鸟过长江。《晋书·石崇传》载：“崇在南中，得鸩鸟雏，以与后军将军王恺。时制，鸩鸟不得过江，为司隶校尉傅祗所纠，诏原之，烧鸩于都街。”

《后汉书·霍谞传》记宋光被人诬告擅自更改皇帝的诏书，下狱拷问。霍谞时年十五，挺身而出为舅舅辩护，给大将军梁商写去了一封辩护书，其中说道：“宋光出身仕宦之家，仕途顺利，如今已身居地方政府的高官之位，升官入朝指日可待，而且他的个人品德也没有任何缺陷。这样一个人，即使对皇帝的诏书有所怀疑，也肯定会采取一种非常稳当的办法来解决此事，怎么可能冒着死罪更改诏书呢？”

霍谞接着打了一个比方：“譬犹疗饥于附子，止渴于鸩毒，未入肠胃，已绝咽喉，岂可为哉！”这就像用有毒的附子来充饥，喝鸩酒来止渴一样，还没有进入肠胃，刚到咽喉处就毒发身亡了，怎么可能有人傻到这么做呢！

霍谞这番道理说动了梁商，他于是赦免了宋光，“饮鸩止渴”这个成语也就此流传了下来。

《本草纲目图》下卷四十九『禽部林禽类』，日本江户时代刊本，日本国立国会图书馆藏。

明代李时珍撰写的《本草纲目》刊印于万历年间，是对十六世纪以前中医药学的一次系统总结，一部百科全书式的大作。作者将搜集到的材料分为动物、矿物和植物三类，一共记载了约一千八百种药材，包含很多前人未知的品种。日本国立国会图书馆藏的这本《本草纲目图》分三卷，有图无文，刊印清晰，具体出版者不详。

《汉书·高五王传》颜师古注引应劭曰：“鸩鸟黑身赤目，食蝮蛇野葛，以其羽画酒中，饮之立死。”这幅“鸩”图完全按古人记载描绘，黑色羽毛，长颈，以蛇为食，与左图的“鹗”并不相似。有人认为“鸩”应是大冠鹫（即蛇鹰），只是蛇鹰的颈部没有这么长。

尾大不掉
形容哪种动物的尾巴大？

“尾大不掉”这个成语的意思是兽类的尾巴过长，摇摆起来非常困难，比喻属下势强，不听从调度指挥，也用来比喻事物前轻后重，难以驾驭的现象。“掉”是摇动、摆动的意思。

“尾大不掉”一词出自《左传·昭公十一年》。楚灵王把兵权交给最喜爱的弟弟公子弃疾，自己则游山玩水。可没想到公子弃疾胸怀大志，不停征伐邻近的小国，连续灭掉了陈国和蔡国。楚灵王把蔡国的土地赐给公子弃疾，封他为蔡公。公子弃疾的声望和势力慢慢壮大起来。楚灵王越来越不放心，有一次问大夫申无宇：“我把弃疾封为蔡公，您觉得怎样？”

申无宇回答道：“末大必折，尾大不掉，君所知也。”“末大必折”和“尾大不掉”是一个意思：本末倒置之后，末大必折本。

楚灵王没有听从申无宇的劝谏。几年后，公子弃疾趁楚灵王出狩的时机发动军事政变，一举攻占了楚国的国都郢都，楚灵王上吊自杀。公子弃疾抢夺了王位，是为楚平王。

在《国语·楚语》中，范无宇（即申无宇）则是这样表述的：“夫边境者，国之尾也，譬之如牛马，处暑之既至，虻䖸之既多，而不能掉其尾。”“虻（méng）”是大飞虫，“䖸（wèi）”是小飞虫。范无宇说牛马不能掉其尾，只是拿牛马作比喻，各种辞典也都没有解释“尾大不掉”到底是指哪种动物。

古人讲究无一字无来历，因此“尾大不掉”一定指某一种具体的动物。那么，哪种动物的尾巴最大呢？以后的典籍中开始频频出现大尾羊的记载。

《太平御览》引魏晋间《凉州异物志》载："有羊大尾，车推乃行，用累其身。"又引晋人郭义恭《广志》载："大尾羊，细毛薄皮，尾氏旁广，重且十斤，出康居。"《宋史》记使臣王延德出使西域的见闻："有羊，尾大而不能走，尾重者三斤，小者一斤，肉如熊白而甚美。"在这些记载中，尾大不能走，需车推乃行的描述非常突出。

到了元代，大臣耶律铸写了一篇《大尾羊赋》，序曰："端卿持节使博啰，或曰旧康居也。其国多羊，羊多大尾，其大不能自举，土人例以小车使引负其尾，车推乃行，且乞余为道其所以，乃为之赋。"耶律铸在赋中感叹道："尾大不掉，可怪也夫。"元代诗人白湛渊有《咏羯诗》一首："羯尾大如斛，坚车载不起。此以不掉灭，彼以不掉死。"据此，则这种羊的名字叫"羯"。

明人张燧在《千百年眼》一书中总结道："尾大不掉，此非喻言也。西域有兽曰羯，尾大于身之半，非以车载尾，则不可行。"至此，"尾大不掉"到底是形容哪种动物尾巴大的疑问涣然冰释。

《中国自然历史绘画·动物画谱》（*Animaux de la Chine*）之『巨尾』，法国画家皮埃尔·约瑟夫·布赫兹（Pierre Joseph Buchoz）绘，一七八六—一七八七年，法国国家图书馆藏。

这是一组关于中国的记录型绘画。当时法国王室希望对中国有更深的了解，通过大量传教士和商行团来到中国，利用绘画记录当时见闻。《动物画谱》共一百五十七幅，描绘了常见的中国动物，每幅有中文标记。这一幅绘的是“巨尾”，从样貌看与哈萨克大尾羊极为相似。哈萨克大尾羊因有着一个滚圆肥大、全是脂肪的尾巴而得名，原产于新疆天山北麓和阿尔泰山南麓，据说即耶律铸《大尾羊赋》中主角，以肉质鲜嫩味美、无膻味而著称。虽然有一条巨尾，哈萨克大尾羊实际上十分善于爬山游走，也许掉尾不易，但行动丝毫不受其拖累。

青灯黄卷
为什么比喻清苦的生活？

“青灯黄卷”这个成语比喻清苦的攻读生活，也用来形容僧尼生活之清苦。光线青荧的油灯称“青灯”，这种灯发出的光让人感觉寒冷，故又称“寒灯”。唐代诗人韦应物在《寺居独夜寄崔主簿》一诗中吟咏道：“坐使青灯晓，还伤夏衣薄。”青灯之寒冷竟然让诗人感觉到夏衣的单薄，这当然是夸张的描写，但却描绘出了独居的凄凉境况。

“黄卷”即黄纸，是用黄檗（bò）木的汁液染过的纸，颜色发黄，故称“黄卷”。《抱朴子·疾谬》篇中如此讽刺那些不学无术之徒的“强张大谈”：“杂碎故事，盖是穷巷诸生章句之士，吟咏而向枯简，匍匐以守黄卷者所宜识，不足以问吾徒也。”这段话的意思是：繁杂琐碎的旧事，都是陋巷之中的诸位儒生，寻章摘句的士人和向着干枯的竹简吟咏、爬行于黄卷中的人所应该知道的，不值得向我辈发问。

杨明照先生注解说：“古人写书用纸，以黄檗汁染之防蠹，故称书为黄卷。”

皇帝的诏书，记录官吏功过、考核能否称职的专门文书也叫“黄卷”或“黄纸”。王维《送李睢阳》中的“黄纸诏书出东厢”，杜甫《遣闷奉呈严公二十韵》中的“黄卷真如律，青袍也自公”，白居易《刘十九同宿》中的“黄纸除书无我名”都是这个意思。

“黄卷”跟僧尼生活扯上关系，是因为佛、道两家的经文也都用黄纸书写。唐代诗僧皎然有诗道：“耳目何所娱，白云与黄卷。”僧人的生活看似

《百人一首之内 良暹法师》，歌川国芳绘，约一八四二年。

良暹法师为日本平安时代中期僧人，善和歌。这首和歌的大意是，因寂寞而走出家门眺望，发现这秋天黄昏的寂寞处处皆同。画面被清冷的蓝绿色调笼罩，远山背后残留的落照红光更加深了日暮的幽暗。近处，芦苇萧萧。画中僧人草鞋，持杖，身背经箧，是孤独的行脚僧打扮。僧家之寂寞不仅在于青灯古卷，也在于漫漫求索路上影伴孤身的旅程。

《百人一首》是日本镰仓时代歌人藤原定家从《古今和歌集》《新古今和歌集》等敕撰和歌集中挑选出一百位杰出歌人，每人选一首作品，结集而成，又称《小仓百人一首》，被誉为“日本的《唐诗三百首》”。到了江户时代，由于浮世绘版画技术发展，《百人一首》便以和歌搭配画作的形态普及于庶民阶层。

潇洒，“白云与黄卷”，可是在普通人看来却十分清苦，因此把“青灯”和“黄卷”连用，指代这种清苦的生活。

陆游写有《客愁》一诗：“骑马出门无所诣，端居正尔客愁侵。苍颜白发入衰境，黄卷青灯空苦心。天下极知须隽杰，书生何恨死山林。消磨未尽胸中事，梁甫时时尚一吟。”元人叶颙（yóng）有《书舍寒灯》诗：“青灯黄卷伴更长，花落银釭（gāng）午夜香。异日长檠（qíng）珠翠处，苦心寒焰莫相忘。”就是描写自己刻苦攻读的清苦生活，“黄卷青灯”或曰“青灯黄卷”这个成语就此流传了下来。

昙花一现
“昙花”到底是什么花？

“昙花一现”是一个成语，用来比喻人或事物乍现即逝，是一个中性词，既可比喻世事没有生命力，或者人物经不起历史的考验，短短的时间就消失了踪影，又可用作对流逝的岁月的哀婉喟叹。不过，很多人不懂得这个成语中的“昙花”到底是什么花，将它和汉语中常说的昙花混为一谈。

我们日常指的昙花是原产于墨西哥的昙花，逢夏秋时节、夜深人静时方才开花，而且花期很短，三四个小时后就凋谢了，所以也被称作“昙花一现”。

不过，成语“昙花一现”的昙花并非此昙花，因为这个成语出自佛经。此花的梵文名称音译为优昙钵罗花，省写作优昙钵花、优昙花或昙花。

《佛般泥洹经》中说：“阎浮提内有尊树王，名优昙钵，有实无华。优昙钵树，有金华者世乃有佛。”《妙法莲华经·方便品第二》中说：“如是妙法，诸佛如来，时乃说之，如优昙钵华，时一现耳。”又说：“譬如优昙花，一切皆爱乐。天人所稀有，时时乃一出。”南朝智颢（yǐ）大师讲说的《妙法莲华经文句》中说：“优昙花者，此言灵瑞，三千年一现，现则金轮王出。”

记载南北朝时期萧梁王朝的史书《梁书·诸夷列传》中写道：“（波斯国）国中有优钵昙花，鲜华可爱。”“优钵昙花”属于误写，应为“优昙钵花”。这是中国的史书中第一次出现优昙钵花之名。

唐代僧人玄应所撰《众经音义》中说：“乌昙跋罗：梵语花名，旧云优昙波罗花，或云优昙婆罗花，叶似梨，果大如拳，其味甘。无花而结子，亦有花而难值，故经中以喻稀有者也。”

优昙钵花其实就是无花果。李时珍在《本草纲目》中写道：“五月内不花而实，实出枝间，状如木馒头，其内虚软。”无花果树并不是不开花，它的花隐藏在果实的内壁，因此中国人呼为“无花果”，此外还有映日果、天仙果的美丽的别名。

唐丞相张说为玉泉寺大通禅师碑所作的碑文中写道：“遂推为两京法主，三帝国师，仰佛日之再中，庆优昙之一现。”因此，“昙花一现”这个成语本来应该写作“优昙一现”。

《新镌全像昙花记》第五十五出「法眷聚会」插图，明代屠隆撰，明万历年间浙杭翁文源刊本。

《昙花记》是明代戏曲家屠隆所著的一部富有宗教色彩的传奇作品。屠隆杜撰了一个唐朝大将军木清泰，他曾经在安史之乱中勤王建勋，百战功成，被封为定兴王。木清泰一日郊游，遇僧道指点迷津，看破红尘，于是辞家去寻仙访道。临走之前，他在家中栽下一株昙花。十余年中，木清泰经历了种种考验和阻难，遍游上天和下界，阅尽人生幻象，终成正果。离宅时所植昙花绽放花朵，向家人喜报福音。全剧结于阖家共证菩提，飞升入佛国之时。

故事冗长，算不上有趣。“法眷聚会”是全剧最后一出，插图是一幅法曲仙音缭绕、全家共同飞升的画面。很难说庭中石栏里的植物是否剧中所讲的那株昙花，叶子形态看起来倒有点像无花果呢。

金鸡独立
为什么用“金鸡”来形容？

“金鸡独立”是形容一条腿站立的姿势。这个姿势进入杂技界，就变成了某种杂技的一个身段；进入武术界，就变成了武术中的一个招数。可是为什么非要用“金鸡”来形容呢？

北宋大型类书《太平御览》引唐人丘悦《三国典略》载：“齐长广王湛即皇帝位于南宫，大赦改元。其日将赦，库令于殿门外建金鸡，宋孝王不识其义，问于光禄大夫司马膺之：‘赦建金鸡，其义何也？’膺之曰：‘案《海中星占》曰：天鸡星动，当有赦。’由是帝王以鸡为候。”

北齐皇帝高湛即位的时候，在南宫大赦天下，同时改元太宁。到了大赦的那一天，掌管大赦事宜的库令在殿门外建了一座金鸡。观礼的宋孝王迷惑不解，就向光禄大夫司马膺之询问，司马膺之回答道：“《海中星占》这本书上说：天鸡星动，当有赦。”因此，后来帝王都以金鸡作为大赦的象征。

《海中星占》所说的“天鸡星”又叫匏瓜星，匏瓜即葫芦，古时拿来命名天上的五颗星星。在古代占星体系中，匏瓜星这五颗星掌管阴谋筹划，掌管后宫，掌管瓜果蔬实。如果匏瓜星星光明亮，则预示着收成很好；如果星光微弱，则预示着年景不好，帝后失宠。如果匏瓜星移动了位置，则预示着山体晃动，洪水泛滥，这时就要大赦天下，以上承天意，下顺物情。

据《新唐书·百官志》载：“赦日，树金鸡于仗南，竿长七丈，有鸡高四尺，黄金饰首，衔绛幡长七尺，承以彩盘，维以绛绳。”然后击鼓千声，

《风流锦绘伊势物语 十一》(『风流锦絵伊势物语 十一』)，胜川春章绘，一七七二—一七七三年。

《风流锦绘伊势物语》共四十八幅，是描绘《伊势物语》故事的绘本。《伊势物语》为平安初期“歌物语”的代表，是日本第一部“歌物语”，全书以平城天皇皇孙在原业平的和歌为主，叙述了几段或华丽浪漫或凄婉悲伤的爱情故事。

这幅画的是清晨，幽会过后，公鸡啼鸣，男子依依不舍与情人分离。按平安时代的习俗，晚上男女幽会，天亮男方回去，随即寄情书给女方。虽然天色未明，但公鸡已报晓，男子穿着整齐，即将离开又回身。女子姿态慵懒，尚未梳头。画面气氛似缠绵，似眷恋，又带着淡淡哀伤。

将百官、父老和囚徒们召唤到竿下，宣读赦令。

金鸡作为大赦的象征，从此就频频出现在古人的诗文中。李白有诗《流夜郎赠辛判官》：“我愁远谪夜郎去，何日金鸡放赦回。”还有一首《秦女休行》：“金鸡忽放赦，大辟得宽赊。”杨巨源更有“金鸡竿下鼓千声”的形象描述。王建的《宫词》则更加详细地描写了大赦的情景：“楼前立仗看宣赦，万岁声长拜舞齐。日照彩盘高百尺，飞仙争上取金鸡。”

“金鸡”的使用频率非常高，因此也进入了民间俗语，除了“金鸡独立”之外，民间还有“金鸡报晓”的说法，还把太阳叫作“金鸡”。

蛛丝马迹
“马”原来是灶马

“蛛丝马迹”是常用的成语，一般的辞典对“马迹”的解释都是“马经过后留下的痕迹或马脚印”，“蛛丝马迹”比喻事情留下来的隐约可寻的痕迹和线索。可是，这样的解释很难成立，因为马是体形很大的动物，经过后的痕迹很明显，“马迹”怎么能和细微的“蛛丝”并列起来呢？

如果生活在农村，农家厨房中经常可以看到蜘蛛，这些蜘蛛在厨房顶上结了很多蜘蛛网，这自然就是“蛛丝”了。农家厨房中还有一种小虫子，叫作灶马，灶马爬过的地方留下很多不很明显的痕迹，这就是“马迹”。灶马爬过的痕迹和蜘蛛网经常一起出现，两者又都不很明显，所以“蛛丝马迹”的“马”指的是灶马之“马”。

唐代博物学家段成式所著《酉阳杂俎·广动植之二》载：“灶马，状如促织，稍大，脚长，好穴于灶侧。俗言灶有马，足食之兆。”

灶马的学名是突灶螽（zhōng），有的地方也叫灶鸡子，属于直翅目穴螽科昆虫，一年四季都可见到，总是出没于灶台和杂物堆的缝隙中，以剩菜、植物和小型昆虫为食，这就是“灶马”之“灶”的得名；它又在直翅目中体形最大，“马”是六畜中体形最大的家畜，引申为“大”之意，因此“灶马”以“马”为名，意思是体形最大的直翅目昆虫。

李时珍在《本草纲目》中也说：“灶马，处处有之，穴灶而居。”

既然是厨房里的虫子，为什么不清除掉呢？原来，人们相信灶台上有灶马是丰衣足食的吉兆，甚至把它叫作“灶爷马”，把它当作农历腊月二十三祭灶时“上天言好事，下界保平安”的灶王爷的坐骑。

这就是“蛛丝马迹”这个成语的由来。

灶君，俗称灶神、灶公，北方称为灶王爷，道教中称“司命真君”。灶君是家宅神，负责监察人间善恶，掌握寿夭祸福。灶君左右随侍两神，一捧善罐，一捧恶罐，随时记录一家人的行为，等旧历年尾回到天庭，向玉皇大帝一一禀告，所以岁末家家祭灶，希望他“上天言好事，下界保平安”。

灶君年画，有单独一位男神的，也有灶王爷、灶王奶奶夫妇二人的。这幅灶君年画形象比较简单，当中主位是灶神，左右各一个童子和一个随侍神。香案上摆着一善一恶两个罐子，香案下面卧着一匹马，乃灶君上天时的坐骑。民间祭灶时，有的地方祭灶人会跪在灶王爷像前，怀抱公鸡。据说鸡象征灶王爷升天所骑之马，红公鸡称“红马”，白公鸡称“白马”。有的地方会烧化一些纸钱纸马作为程仪。

灶君，清代年画，约一九〇〇年，美国波士顿艺术博物馆藏。

司命之神
惡
善

兔死狐悲
兔和狐怎么可能是同类？

俗话说“兔死狐悲，物伤其类”，此话自古至今流传甚广，以至于如今的各种辞典都把“兔死狐悲”这个成语解释为：比喻因同类的灭亡而感到悲伤。但是兔子和狐狸，一个是食草动物，一个是食肉动物，而且兔子还是狐狸的口中之食，怎么可以归为同类呢？虽然有人提出过这个疑问，但是却从来没有人解释清楚过。

要想解释清楚兔子死了狐狸为什么会悲伤，就必须了解古人心目中兔子和狐狸的两种相似习性。

老子的弟子文子所著《文子》一书中说：“飞鸟反乡，兔走归窟，狐死首丘，寒螀得木，各依其所生也。”“寒螀（jiāng）”即寒蝉，夏末秋初时在树上鸣叫。在古人看来，飞鸟飞得再远也要还乡，兔子跑得再远也要归窟，狐狸死了头也要朝向出生的山丘，寒蝉鸣于树上，这都是动物的天性。

其中“狐死首丘”被称为狐狸的德行之一。《礼记·檀弓上》载：“太公封于营丘，比及五世，皆反葬于周。君子曰：‘乐，乐其所自生；礼，不忘其本。古之人有言曰：狐死正丘首。’仁也。”孔颖达注解说：“所以正首而向丘者，丘是狐窟穴根本之处，虽狼狈而死，意犹向此丘，是有仁恩之心也。”比起老虎、狮子，狐狸虽然是较小的兽类，但对自己藏身的丘窟念念不忘，死的时候，一定要把头朝向丘窟，表示不忘本。后人遂以“狐死首丘”比喻不忘本或对乡土的思念。

正如“狐死首丘”不忘本一样，“兔走归窟”同样表示不忘本。这是古

《从圆窗俯视水中真容的狐女》(『丸窓から顔を水に映す女』)，铃木春信绘，一七六五年。

铃木春信（鈴木春信，1724—1770），日本江户时代中期浮世绘画家，锦绘的创始人，以美人画最著名。铃木春信揭开了浮世绘黄金时代的帷幕。他笔下的美人腰肢纤细，脸容天真，手足纤巧，体态轻盈。用色清雅调和，带有诗意的抒情风味。这幅画一个女子透过圆窗照影自怜。窗外一株柳树，风吹柳枝，略有落叶，人与柳同样纤柔。然而，水中倒影赫然映出她的原形。人面与狐影隔空对视，令画面产生一种不确定感。

日本有关狐狸修炼成精的传说也很普及，日本神话甚至对狐狸精做了明确的分类，有仙狐、善狐、野狐等。在日本民间故事中，不管是狐狸还是狸猫，只要将叶子戴在自己头上就可以任意改变形体。

人心目中兔子和狐狸的相似习性，都是“仁恩之心”的表现。那么，兔子死后再也无法归窟，这一场景会令捕食者狐狸联想起自己死后的“正首而向丘”，同样的命运使狐狸触景生情，当然也就会“兔死狐悲”了。相应地，狐狸死了的场景也会令兔子触景生情，因此古时还有一个相对应的成语“狐死兔泣”。这是一对捕食者和被捕食者之间的惺惺相惜，虽为天敌，亦足以感怀。

这就是“兔死狐悲”和“狐死兔泣”这两个成语的真正语源，跟同类毫无关系，也绝不是因同类的灭亡而感到悲伤。此一语源从来没有被揭示出来过，直到本文才算彻底破解，真乃快事！

魂飞魄散
“魂”为何会“飞”？“魄”为何会“散”？

“魂飞魄散”这个成语是形容人惊恐的样子，那么，“魂”和“魄”分别是什么东西？为什么“魂”会“飞”，而“魄”只能“散”呢？

“魂”是形声字，从鬼云声，指古人想象中能离开人体而存在的精神，即灵魂。既然可以离开人体，当然就可以“飞”了。

“魄”也是形声字，从鬼白声，指依附于人的身体而存在的精神。既然依附于人的身体，人死的时候当然只能“散”了。

古代中国的阴阳理论也反映在“魂魄”身上。《说文解字》：“魂，阳气也。”“魄，阴神也。”《左传·昭公七年》说得更清楚：“人生始化为魄，既生魄，阳曰魂。”意思是说人一生下来就具有了“魄”，有了“魄”之后才有“魂”；“魄”相当于人的形体，所以有“体魄”“魄力”这样的词描述人的身体；而“魂”相当于人的精气，所以有“精魂”“鬼魂”这样的词描述人死后的情景。

简单地说，“魄”就是人的身体，“魂”就是人的灵魂。人死了“魄”就散了，“魂”也就可以远远地飞走了。

“魂”和“魄”都以“鬼”为形，那么“鬼”到底是什么东西？《说文解字》：“鬼，人所归为鬼。”把“鬼”和“归”混为一谈，但是却没有解释清楚为什么二者一体。且看《礼记·祭义》的解释：“众生必死，死必归土，此之谓鬼。”这个说法跟基督教的《圣经》惊人地相似，《圣经》上说：“你本是尘土，仍要归于尘土。”

“鬼”和“神”也有区别，而且区别巨大。同样是《礼记·祭义》中的解释：“气也者，神之盛也；魂也者，鬼之盛也。”“鬼”和“神”的区别就在于活人有气，死人有魂；活人有气因此叫“神气”，死人有魂因此叫“鬼魂”。

还有一个成语叫“失魂落魄”，跟“魂飞魄散”的用法一样：“魂”可以飞，飞得太远了就找不着了，故曰“失魂”；“魄”是人的身体，飞不到天上去，只能在地面上玩，玩不好就“落魄”了。

《元曲选》插图「迷青琐倩女离魂」，明代臧懋循编，明万历时期刊本。

《倩女离魂》（全名《迷青琐倩女离魂》）是元杂剧中优秀的爱情剧，元代郑光祖撰，辞藻俊美，刻画人物细致入微。剧情出自唐代陈玄祐的传奇小说《离魂记》，讲的是张倩女与王文举的浪漫故事。二人原是指腹为婚，王文举长大后应试途经张家，倩女之母嫌文举功名未就，不许二人成婚。文举只得独自上京应试。倩女忧思成疾，她的魂灵竟悠然离体，追赶文举，一同赴京，相伴多年。文举状元及第，衣锦还乡，携倩女回到张家。当众人疑虑之际，倩女魂魄与病躯重合为一，遂欢宴成婚。剧中，离魂的倩女与病卧在家的倩女表现如同两人：一个无视礼教，热情如火；一个凄楚幽怨，病体恹恹。显然后者才是当时女性的真实处境。离开躯体，冲破枷锁，大胆追求幸福，尝过这种自由滋味的倩女之魂一旦回归拘谨的身体，不知作何感想。

城狐社鼠
为什么比喻小人？

“城狐”，城墙洞里的狐狸；“社鼠”，社庙里的老鼠。“社”的本义是土地神，《说文解字》：“社，地主也。”祭祀土地神的处所叫作“社庙”或者“社坛”，农村中春秋两季祭祀社神所演的戏称作“社戏”，用以酬神祈福，一般均在庙台或在野外设台演出，很多文化名人都描写过自己童年看过的社戏。

“城狐社鼠”的意思是要掏挖狐狸恐怕毁坏城池，要熏死老鼠恐怕烧掉社庙，比喻凭借某种势力的庇护而为非作歹的人。这种人通常都是小人。

《晏子春秋·内篇问上》记载了齐景公和晏子的一段对话。

齐景公向晏子请教：“治理国家所患的是什么？”

晏子回答道：“所患者社鼠。”

齐景公问：“为什么？”

晏子回答道：“社庙是由一根根涂上泥的木头排列在一起建成的，老鼠最喜欢这种地方，栖居于此。人们想把老鼠赶出来，但是用烟火熏怕烧坏了木头，用水灌又怕毁坏了外表的涂泥，老鼠之所以不能被赶尽杀绝，就是因为社庙的缘故。国家也是这样，国君左右的小人就是社鼠，对内向国君蒙蔽善恶，对外向百姓耀武扬威，卖弄权势。这种小人如果不诛杀就会引发内乱，国君往往包庇他们，犯了罪又宽恕他们，所以很难对他们实施有效的惩罚。这就是国家的社鼠啊！”

西汉学者刘向在《说苑·善说》篇中记孟尝君门客的话说：“狐者人之

所攻也，鼠者人之所熏也。臣未尝见稷狐见攻，社鼠见熏也，何则？所托者然也。”“稷”是五谷之神，后来把祭祀五谷之神的场所称为“稷坛”。“稷狐”即稷坛里的狐狸。不敢攻稷狐，不敢熏社鼠，就是因为它们寄居在稷坛和社庙里的缘故。

据《晋书·谢鲲传》载，东晋大将军王敦以讨伐刘隗（wěi）为名发动叛乱，询问名士谢鲲：“吾欲除君侧之恶，匡主济时，何如？”谢鲲回答说：“隗诚始祸，然城狐社鼠也。”意思是说刘隗不过是皇帝身边的小人而已。“城狐社鼠”这个成语从此定型。

《搜山图》表现民间传说之二郎神搜山降魔的故事，亦称《二郎神搜山图》，宋元以来成为一种流行的绘画题材，目前传世的《搜山图》画作约有十余本。此卷《搜山图》是南宋末或元初人的手迹。人物用工笔重彩，衣纹用铁线描，刚劲有力，形象刻画生动传神。图中描绘神兵神将们挥刀舞剑，纵鹰放犬，大肆搜索山林中虎、熊、豕、猴、狐狸、山羊、獐、兔、蜥蜴、蛇及树精木魅等魔怪。这些魔怪或现原形，或化为女子，在二郎神

的追逐下仓皇逃命，或藏匿山洞，或拒绝受擒。图中兵将一个个凶神恶煞，与官府鹰犬欺压百姓何等相似，魔怪们惊怖逃生的样子不免令人同情。

《搜山图》卷局部，传宋代佚名绘，绢本设色，北京故宫博物院藏。

烂醉如泥
“泥”竟然是无骨的虫子

《后汉书·儒林列传》记掌理宗庙礼仪的太常周泽“清洁循行，尽敬宗庙。常卧疾斋宫，其妻哀泽老病，窥问所苦。泽大怒，以妻干犯斋禁，遂收送诏狱谢罪。当世疑其诡激。时人为之语曰：‘生世不谐，作太常妻，一岁三百六十日，三百五十九日斋。’”

李贤注：“《汉官仪》此下云：‘一日不斋醉如泥。’”“诡激”的意思是诡奇偏激，不合于中正之道。周泽的妻子担心丈夫，去斋宫探望，周泽竟然以“干犯斋禁”的罪名将妻子下狱，这一行为确实不符合人情之常，因此民间才用这个歌谣来讥讽他。

“醉如泥”的说法从此风行，《全唐诗》中屡见不鲜。比如李白《赠内》：“三百六十日，日日醉如泥。虽为李白妇，何异太常妻。”杜甫《将赴成都草堂途中有作，先寄严郑公五首》：“岂藉荒庭春草色，先判一饮醉如泥。”白居易《北楼送客归上都》：“不独别君须强饮，穷愁自要醉如泥。”元稹《寄乐天》：“安得故人生羽翼，飞来相伴醉如泥。”

“泥”的本义是水名。既有水，就有泥，因此“泥”引申指“水和土也”。“醉如泥”当然就是形容喝醉的人就像一摊烂泥一样扶不起来的状态。不过，“醉如泥”之“泥”真的只有这一种释义吗？

《尔雅·释兽》篇中记载有一种名为“威夷”的动物，特点是“长脊而泥”。郭璞注解说：“泥，少才力。”邢昺进一步解释说：“泥，弱也。威夷之兽，长脊而劣弱，少才力也。”也就是说，威夷是一种类似蛇的动物，身躯极长，但却无脊柱，因此只能劣弱爬行。这是很多爬行类动物的共同特征。

南宋吴曾所著《能改斋漫录》有“醉如泥”一条，其中写道：“《稗官小说》：‘南海有虫，无骨，名曰泥。在水中则活，失水则醉，如一堆泥然。’”

就像委婉曲折、蛇形而前之兽命名为“威夷”一样，南海的无骨之虫也命名为“泥”。“长脊而泥”正是这两种动物的共同特征。因此，“醉如泥”很有可能不是形容醉如烂泥，而是形容醉如“失水则醉”的“泥”虫。这种怪虫太幸福了，不用花钱沽酒，只需离开水就能达到一种醉的状态。

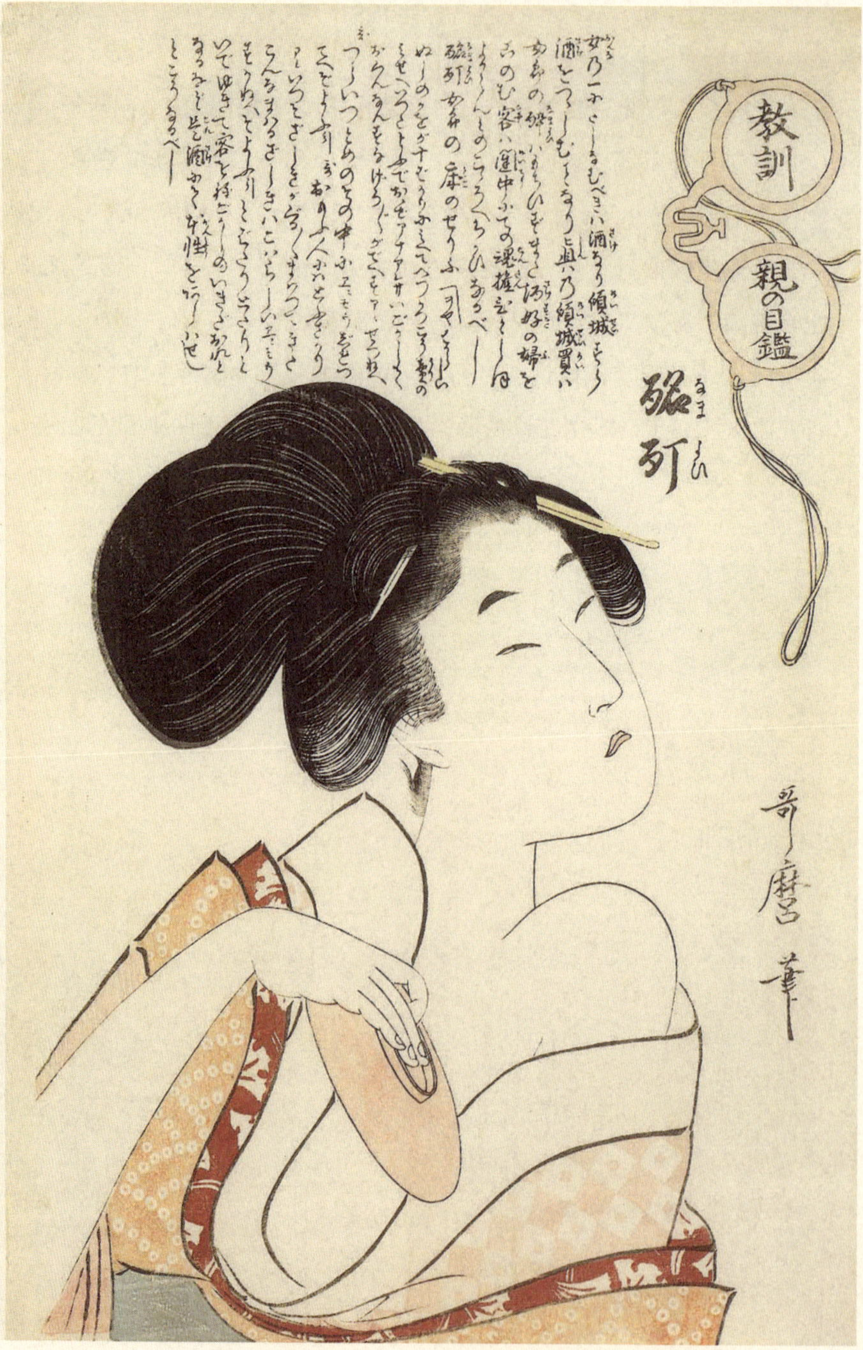

教訓
親の目鑑
歌麿筆

《教训·镜鉴　酩酊》（『教訓　親の目鑑　酩酊』），喜多川歌麿绘，约一八〇二年。

作为“大首绘”的创始人，喜多川歌麿代表着美人画的巅峰。他活跃于浮世绘黄金时期，以精美优雅的线条和细腻着色，表现游女和市井女子的喜怒哀乐、体态风情。他善于捕捉女子个性和情绪，描摹其独特的内在之美。

《教训·镜鉴》系列是歌麿晚期杰作，以年长者的口吻对年轻女子的种种行为提出忠告。画面右上方的老花镜点明长者身份，与下方少女的放任神态和不以为然的表情形成有趣的对照。这是一幅典型的“大首绘”。女子一手随意地拿着酒盏，衣领松垂，体态慵懒，眼神迷离，显然已是酣醉。歌麿的用色很独特，有人称这种浮世绘为“锦织歌麿形式模样”，色块柔和、淡雅，很好地表现出女性的肌肤质感，活色生香。

秋毫无犯
“秋毫”到底是什么东西？

不拿群众一针一线叫作“秋毫无犯”，比喻军纪严明。不过，什么是“秋毫”呢？

人们多误以为“秋毫”就是秋天打下来的粮食，这是不对的，“秋毫”指鸟兽在秋天新长出来的绒毛，比喻极其细微之物。别说一针一线了，连鸟兽的细绒毛都不取一根，这样的军队可想而知军纪有多么严明了。

古书中经常使用“秋毫”这个比喻。比如《孟子·梁惠王上》：“明足以察秋毫之末。”秋毫本来就已经够纤细了，“秋毫之末”就更不用说了，这人的视力真是强啊！

商鞅则在《商君书》中写道：“今离娄见秋毫之末，不能以明目易人。”离娄又称离朱，据说是黄帝时候的人，视力超强，黄帝丢了一颗黑色的明珠，离朱的千里眼一眼就看到了。传说他“能视于百步之外，见秋毫之末”。《孙子兵法》中也说：“故举秋毫，不为多力；见日月，不为明目；闻雷霆，不为聪耳。”能举起鸟兽的细绒毛算什么力气大，能看见日月算什么视力好，能听到雷霆之声算什么耳朵灵。

“秋毫无犯”这个成语则出自《史记·项羽本纪》：刘邦先入关，自称“吾入关，秋豪不敢有所近”。“豪”和“毫”是通假字。《后汉书·岑彭传》中记载：“彭首破荆门，长驱武阳，持军整齐，秋豪无犯。”李贤注解说：“豪，毛也。秋毛喻细也。”可见东汉时期这个成语就已经定型了，一直沿用到今天。

《帝鉴图说》上卷『入关约法』，明代张居正等编，明万历元年（一五七三）潘允端刊本。

“入关约法”编入《帝鉴图说》上卷“圣哲芳规”，讲的是汉高祖初为沛公，破了峣关后，召诸县父老豪杰，说：“与父老约，法三章耳：杀人者死，伤人及盗抵罪。余悉除去秦苛法。”秦民大喜，争持牛羊酒食献享军士，唯恐沛公不为秦王。张居正在结尾说：“有天下者，当以宽仁为贵矣。”可惜朱翊钧对张居正的教诲全不入耳，张居正一死，便全面推翻他倡行的新政，从此荒疏朝政，成为明朝又一个昏庸透顶的帝王。

骨瘦如柴
原来是形容豺狼的

“骨瘦如柴”这个成语用来形容人消瘦到了极点。《说文解字》：“柴，小木散材。”古人把大块可以劈开的叫作“薪”，小捆合束的叫作“柴”。那么形容人瘦得像一捆细小的木柴，倒也非常形象。不过鲜为人知的是，这个“柴”字却是从“豺”而来。

北宋学者陆佃在《埤雅·释兽》篇中如此解释民间俗语“瘦如豺”：“瘦如豺，豺，柴也。豺体细瘦，故谓之豺棘；人骨立谓之柴毁，义取诸此。”古代中国的训诂方法之一是同音即同义，因此“豺”“柴”互训。但是按照陆佃的说法，“人骨立谓之柴毁”很显然是从形容“豺体细瘦”的“豺棘”一词而来。“棘”的本义是丛生的酸枣树，引申而泛指带刺的荆棘。“豺”身上的毛酷似针状刺，恰如带刺的荆棘，因此而把细瘦的豺比作“豺棘”。人瘦得就像只有骨头站立着一样，跟“豺棘”的形状一模一样，因此而把细瘦的人比作“柴毁”。

《诗经·小雅·巷伯》中诅咒造谣诬陷者“取彼谮人，投畀豺虎。豺虎不食，投畀有北。有北不受，投畀有昊”。“谮（zèn）人”即进谗言的人，“畀（bì）”是给予之意，“有北”指极北寒冷荒凉之地，“有昊”指苍天。由此诗可见豺和虎在古人的心目中都是凶恶的猛兽，“贪残之兽”，拿来比喻人非常不恰当，尤其是用细瘦之豺来比喻细瘦之人更是不妥，因此转而用同音同义的“柴”字来比喻人，这就是“骨瘦如柴”一词由“骨瘦如豺”而来的辗转过程。

古时儿子为父母守丧，在周年祭之前，要“疏食水饮，不食菜果”，加上悲哀过度，一看上去就显得“柴毁骨立”，这是古代孝子的典型形象。这个成语如果按照原始含义写成“豺毁骨立”，岂非对孝子形象的玷污？

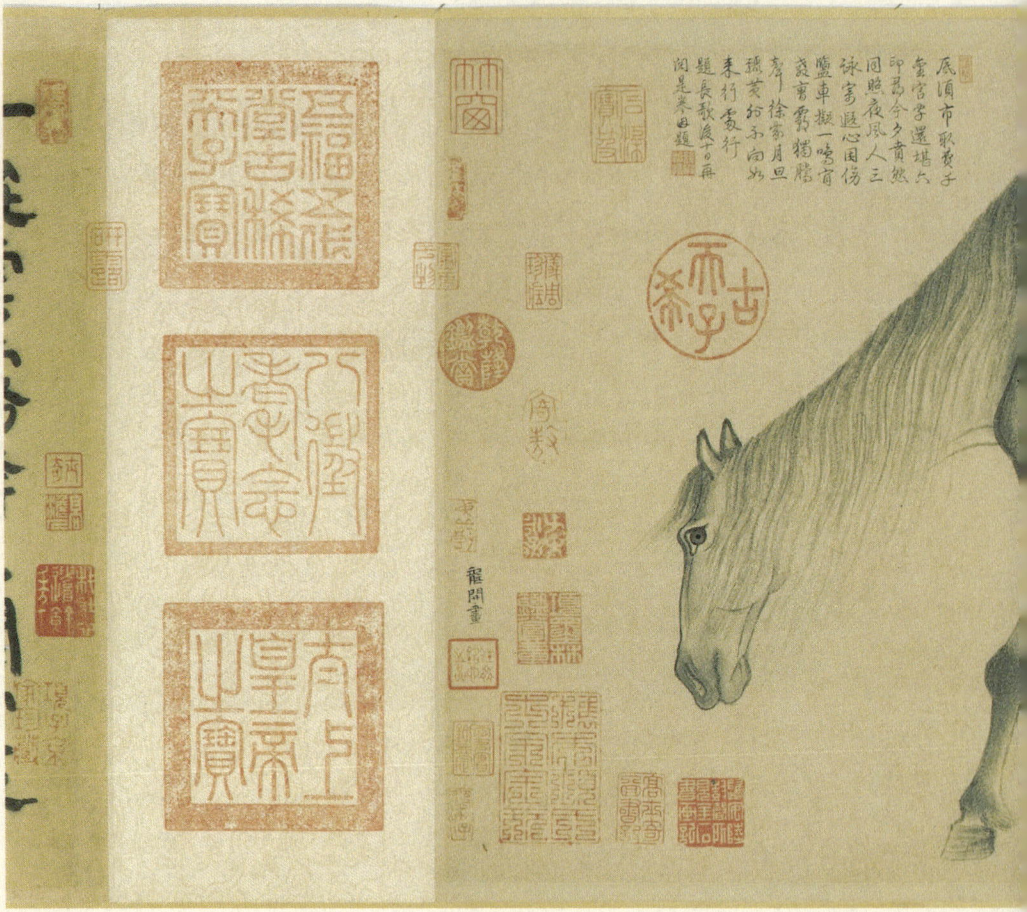

龚开（1222—约1302），字圣予（一作圣与），号翠岩，淮阴人，宋末元初画家。南宋灭亡后，龚开不仕元，寓居吴中，靠卖画为生，遗民意识强烈。《骏骨图》又称《瘦马图》，是其晚年作品。画中是一匹骨瘦如柴的马，正伫立在空白背景中，风吹马鬃马尾，更增萧瑟之感。不同于唐宋时期那些膘肥体壮的骏马图，龚开笔下这匹马瘦骨棱棱，毛色斑驳，背脊突起，肋骨根根分明，其“骨立”之姿令人动容。画家自题：“今日有谁怜骏骨，夕阳沙岸影如山。”这匹瘦马正是虽有千里马之才，却生不逢时的南宋遗民写照。作者将亡国之痛、愤懑之情、壮志未酬之感皆寄予笔端，千载之下，依然峥嵘兀立。

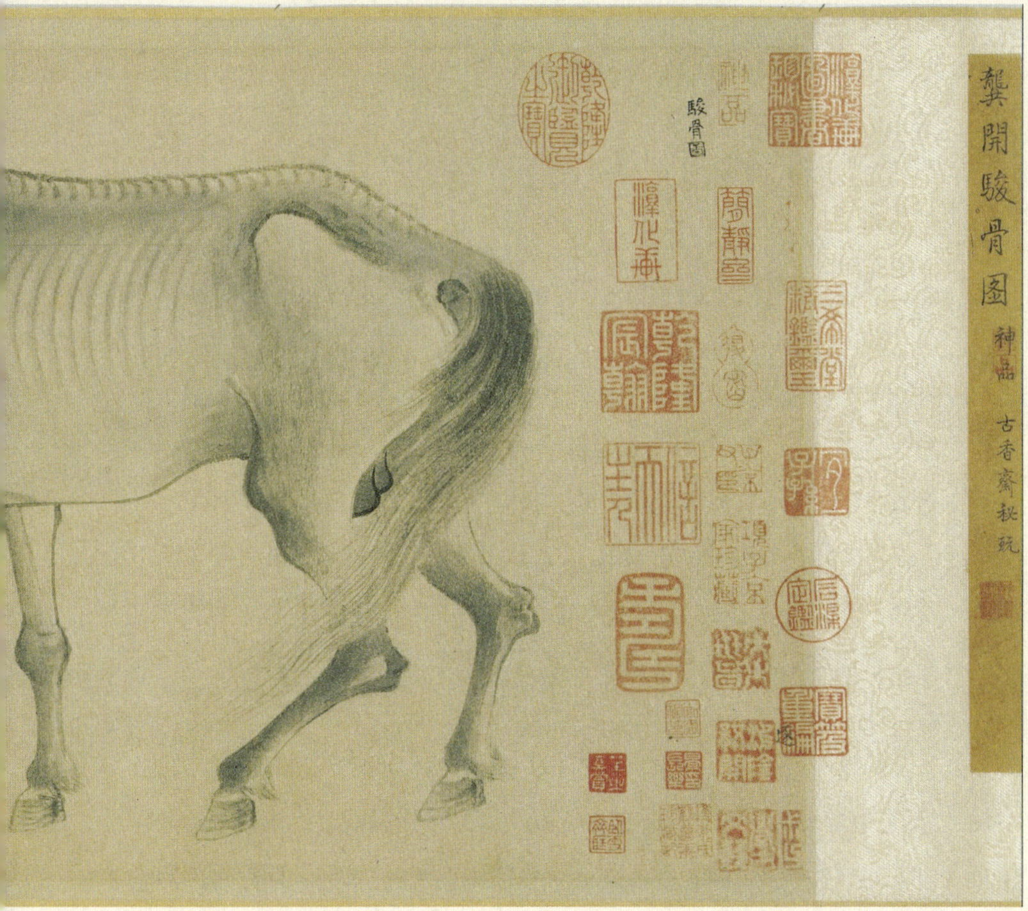

《骏骨图》，元代龚开绘，纸本墨笔，日本大阪市立美术馆藏。

羚羊挂角
原来是为了避害

南宋诗人严羽在《沧浪诗话》中写道："诗者，吟咏情性也。盛唐诸人惟在兴趣，羚羊挂角，无迹可求。故其妙处透彻玲珑，不可凑泊，如空中之音，相中之色，水中之月，镜中之象，言有尽而意无穷。"

清代诗人赵翼在《论诗》中写道："作诗必此诗，意取象外神。羚羊眠挂角，天马奔绝尘。"这都是描写的诗境。古人认为诗以空灵玄远、超脱为最高境界，就像镜花水月一样，看得见摸不着，所谓"言有尽而意无穷"，韵味深远。

为什么要用"羚羊挂角"来形容呢？北宋学者陆佃所著《埤雅·释兽》中说："羚羊似羊而大，角有圆绕蹙文，夜则悬角木上以防患。语曰'羚羊挂角'，此之谓也。""蹙（cù）"是聚拢、收缩的意思，"蹙文"指羚羊的角上有聚拢在一起的纹路。李时珍《本草纲目》引王安石《字说》云："鹿则比类，而环角外向以自防；羚则独栖，悬角木上以远害。可谓灵也。"

根据以上描述，羚羊真是一种神奇的动物，夜里睡觉的时候把角悬挂到树枝上，脚不沾地，在地上根本发现不了它们的足迹，"羚羊挂角，无迹可求"的民间谚语即由此而来。

关于羚羊角，还有更神奇的传说。《本草纲目》引《寰宇志》云："安南高石山出羚羊，一角极坚，能碎金刚石……金刚石出西域，状如紫石英，百炼不消，物莫能击，惟羚羊角扣之，则自然冰泮（pàn）也。又貘骨伪充佛牙，物亦不能破，用此角击之即碎，皆相畏耳。"

《玄沙接物利生图》，元代佚名绘，绢本墨画，日本京都国立博物馆藏。

这是一幅禅画，描绘的是禅宗公案“玄沙接物利生”，亦称“玄沙三病”。唐末五代玄沙师备禅师曾以盲、聋、哑三种人喻指昧于真见、真闻、真语之人。后来有僧人就此话题请教云门文偃禅师：“僧请益云门，云门云：‘汝礼拜着！’僧礼拜起，云门以拄杖挃，僧退后。门云：‘汝不是患盲。’复唤近前来，僧近前，门云：‘汝不是患聋。’门乃云：‘还会么？’僧云：‘不会。’门云：‘汝不是患哑。’僧于此有省。”（《碧岩录》）画面表现的即文偃禅师点醒僧人一幕。

文偃禅师是云门宗的创立者，从学于雪峰义存禅师并得道，对义存禅师十分推崇，常说：“南有雪峰，北有赵州。”

在列举了羚羊角所治各种病症之后，李时珍解释说："羚之性灵，而筋骨之精在角，故又能辟邪恶而解诸毒，碎佛牙而烧烟走蛇虺也。""虺（huǐ）"是一种毒蛇。

羚羊角如此神奇，"羚羊挂角"又如此不着痕迹，禅宗于是用来借喻不落言筌的妙语。比如《景德传灯录》卷十六载义存禅师对众人说："我若东道西道，汝则寻言逐句；我若羚羊挂角，汝向什么处扪摹？"

胆小如鼠
这个“鼠”原来指的是鼷鼠

如果我再煞有介事地来解释“胆小如鼠”这个成语的意思，想必一定会被读者朋友骂得狗血喷头。但凡事较不得真，如果非要较真地问上一句：“胆小如鼠”的这个“鼠”，到底是指泛泛而言的老鼠呢，还是具体某一种鼠？相信大多数人立刻就会瞠目结舌回答不上来了。

原来，“胆小如鼠”的“鼠”还真不是指泛泛而言的老鼠，而是指鼠类中最小的一种，名为鼷（xī）鼠。据《魏书·汝阴王列传》记载，时任北魏东豫州刺史的拓跋庆和被梁武帝萧衍的大将围攻，拓跋庆和举城投降，萧衍封他为北道总督、魏王。后来在项城遭遇北魏军队，拓跋庆和却“望风退走”，萧衍因此讽刺他“言同百舌，胆若鼷鼠”。

“百舌”即百舌鸟，善鸣。《淮南子·说山训》载：“人有多言者，犹百舌之声。”高诱注解说：“百舌，鸟名，能易其舌，效百鸟之声，故曰百舌。以喻人虽事多言，无益于事。”萧衍讽刺拓跋庆和就像百舌鸟一样说得天花乱坠，但是一上战场就“胆若鼷鼠”。

鼷鼠这种鼠类很有趣。据《左传·成公七年》载：“七年，春，王正月，鼷鼠食郊牛角，改卜牛。鼷鼠又食其角，乃免牛。”古时在郊外祭祀天地，称作“郊祭”。郊祭前要先选择一头牛占卜，如果卜得吉兆就把这头牛养起来，然后再占卜郊祭的日期。这一年鼷鼠先后吃了两头郊祭之牛的角。《左传》中记载鼷鼠食郊牛角共有三次，鼷鼠似乎特别爱吃郊祭的牛角。

我们来看看这种体形最小的鼠类的特性。《尔雅·释兽》：“鼷鼠。”郭璞注："有螫毒者。""螫（shì）"指毒虫或毒蛇咬刺。西晋张华所著《博物志》载之更详："《春秋》书'鼷鼠食郊牛，牛死'。鼠之类最小者，食物当时不觉痛。世传云：亦食人项肥厚皮处，亦不觉。或名甘鼠。俗人讳此，所啮衰病之征。"北宋学者陆佃所著《埤雅》也说："鼷鼠，有螫毒者，甘口啮人及鸟兽，皆不痛。"李时珍《本草纲目》又记载了鼷鼠的别名"甘口鼠"："鼷乃鼠之最小者，啮人不痛，故曰甘口。"又引陈藏器之说："鼷鼠极细，卒不可见，食人及牛、马等皮肤成疮，至死不觉。"

由此可知，鼷鼠最重要的特性是：体形细小，咬人不觉痛，但危害极大，以至于成疮而死。因此萧衍才用"胆若鼷鼠"来嘲讽拓跋庆和，表示极端看不起他。《三国志·魏志·杜袭传》中有"千钧之弩不为鼷鼠发机，万石之钟不以莛撞起音"之句，"莛（tíng）"是草茎，以莛撞钟，钟如何能响？千钧之弩也不会只为一只小鼷鼠发射，极言对鼷鼠之轻视，古人因此用"胆若鼷鼠"来形容人极端胆小怕事。

后人博物知识匮乏，已经不了解鼷鼠的特性，因此才泛泛而言"胆小如鼠"，虽然也能够形容胆小，但鼷鼠的危害性、古人对鼷鼠的厌憎之情却统统被忽略了。

《凝视子鼠的年轻夫妇》（『子鼠を眺める若夫妇』），铃木春信绘，一七六八—一七六九年。

画中一对年轻夫妇正在逗弄一只宠物小鼠。似是新年的清晨，室内装饰、衣饰上的花纹、透过障子的光线都带有新年气息。应该是到了鼠年吧。夫妇二人俯首注视小鼠的神情柔和怜惜。画面上方题写的是宝井其角的俳句“さいはいて払ふ障子に松の影”，描绘了拂过障子的松影。宝井其角是日本江户时代早期的俳句诗人，俳句大师松尾芭蕉的弟子。铃木春信作为“锦绘”第一人，他的画从构图到设色都带有抒情意味，他的美人画样式牢笼一代，意境如诗，被称为春信式。

薪尽火传
不是指火种传了下来

“薪尽火传”这个成语，今天的理解是：柴薪虽然燃尽了，但是火种却留传了下来，因此用来比喻学问或思想一代代地传承下来。在今天的语境中，这样理解也没有什么错误，但古人使用这个词的原意却并非如此，其中不仅牵涉到“火”字的释义，而且还能从中见出古人燃薪的礼仪。

庄子在《养生主》中议论道：“指穷于为薪，火传也，不知其尽也。”唐初道教学者成玄英注解道：“穷，尽也；薪，柴樵也；为，前也。言人燃火，用乎前之，能尽燃火之理者，前薪虽尽，后薪以续，前后相继，故火不灭也。”说得很清楚，前薪快燃尽的时候，用手拿着后薪向前去燃火，如此相继而火不会熄灭。

古时的“烛”不同于今天的蜡烛。“火在地曰燎，执之曰烛。”“燎”即“庭燎”，以芦苇为干，用布缠裹，再用油脂浇灌；将“庭燎”举起来就叫“烛”。因此古时的“烛”其实就是火炬。《左传·庄公二十二年》载：“饮桓公酒，乐。公曰：‘以火继之。’”尚秉和先生在《历代社会风俗事物考》中说：“火者，即烛也，因燃薪为烛，其光甚大，故亦谓曰火。汉魏以后，始以灯烛为照夜之专名。凡在屋内者，无曰火矣。”

《礼记·少仪》中有“执烛抱燋”之句，尚未燃着的火炬称“燋（qiáo）”。何谓“执烛抱燋”？尚秉和先生说：“薪之燃甚速，故亲执其既燃者，复抱未燃者，以待续爇。”燃火曰“爇（ruò）”。古时饮宴，有专门负责执烛的人，不仅要坐在屋角，而且不参与辞让或作歌，怕的是不专心而引起火灾。“执

《教导立志基　塙保己一》，小林清亲绘，一八八六年。

小林清亲（小林清親，1847—1915），日本明治时期版画家与浮世绘师，明治浮世绘三杰之一，被称为“最后的浮世绘大师”。他的画作吸收了西方绘画的光影明暗表现手法，并借鉴石版和铜版画技法，用以表现晨曦、日暮、夜灯、雨霭的微妙光感，称为“光线画”，作品风靡一时。晚年他又转向传统版画以及其他题材的创作。

这幅画描绘了日本江户时代后期著名学者塙保己一的一则逸事。塙保己一生于武藏国，五岁失明，十三岁时前往江户，学日本古史、古代制度，后应水户德川家之请，校订《大日本史》。宽政五年（1793），主持“和学讲习所”，编有《群书类从》等大型文献丛书。一个夏日晚上，塙保己一正在给弟子们讲《源氏物语》，忽然风吹烛灭，塙保己一浑然不觉，依然讲述。弟子们在黑暗中看不清书籍，有些失措，提醒老师等烛火点燃后再继续，塙保己一便笑道：“目明反倒不自由了。”这幅画与这则逸事曾收入明治时代小学教科书。

烛抱樵”即成玄英所说的“前薪虽尽，后薪以续，前后相继”，执烛的人不能让火燃尽。

《管子·弟子职》中有详细的执烛之法：

“昏将举火，执烛隅坐。错总之法，横于坐所。”弟子执烛坐在屋角，柴薪横放于地。

“栉之远近，乃承厥火。居句如矩，蒸间容蒸。”烛烬快完时及时接续，接续的柴薪要如法放置在原处，柴薪之间还要留有间隙。

“燃者处下，捧椀以为绪。”下面有碗承接烛烬。

“右手执烛，左手正栉。有堕代烛，交坐毋倍尊者。乃取厥栉，遂出是去。”右手执烛，左手修剪烛烬，累了就换人，不能背对着老师。最后收拾烛烬，倒到外面去。

“前薪虽尽，后薪以续，前后相继”，“执烛抱樵”，“居句如矩”，这才是“薪尽火传”的本义。“火”并不是指火种，而是指不停续上的后薪即“樵”。唐代蜡烛普及之后，再也用不着“执烛抱樵”，“火”字遂被理解为火种，薪尽而火种留传了下来。

授人以柄
“授人”的竟然是彗星之“柄”

《汉书·梅福传》中收录了梅福给汉成帝的上书，其中写道：“至秦则不然，张诽谤之罔，以为汉驱除，倒持泰阿，授楚其柄。故诚能勿失其柄，天下虽有不顺，莫敢触其锋。”颜师古注解道：“泰阿，剑名，欧冶所铸也。言秦无道，令陈涉、项羽乘间而发，譬倒持剑而以把授与人也。”

“倒持泰阿，授楚其柄”就是“授人以柄”的最初形式，此处的“柄”指剑柄，“楚”指反抗暴秦的陈涉、项羽等楚人。主动将剑柄交给别人，当然用来比喻将权力交给别人或者让别人抓住自己的缺点和错误，从而让自己陷入被动。

《三国志·王粲传》中，何进召四方猛将进京，欲诛灭宦官，陈琳劝谏道：“大兵合聚，强者为雄，所谓倒持干戈，授人以柄。必不成功，只为乱阶。”此处的“授人以柄”是指授人以干戈等兵器之柄。

不过，这还不是“授人以柄”这个成语的最早记载，而且最早记载的“授人以柄”并非是授人以兵器之类的柄，而竟然是授人以彗星之柄！

《淮南子·兵略训》中记载了周武王伐纣时的奇异天象：“武王伐纣，东面而迎岁，至汜而水，至共头而坠，彗星出而授殷人其柄。”

周伐殷，乃是由西向东进发，恰好太岁（木星）在东方，逆太岁而行，这是不吉利的象征；到了汜水遇到大雨；到了共头山遇到山崩。“彗星出而授殷人其柄”，高诱注解道：“时有彗星，柄在东方，可以扫西人也。”彗星柄在东而尾西指，就像上天将彗星的柄授予殷人，以扫灭来犯的西人即周人。

这则记载是在强调纣王的统治“积怨在于民也”，所以即使武王伐纣遇到了这么多不利的天象，仍然足以灭商：“当战之时，十日乱于上，风雨击于中，然而前无蹈难之赏，而后无遁北之刑，白刃不毕拔而天下得矣。”

“彗星出而授殷人其柄”，据南京紫金山天文台台长张珏哲推算，这颗彗星就是著名的哈雷彗星，而且此次出现是在公元前1057—公元前1056年，武王伐纣也是在这个时期。最早的“授人以柄”居然让天文学家推算出了哈雷彗星出现和武王伐纣的具体年份，也算是意外的收获了。

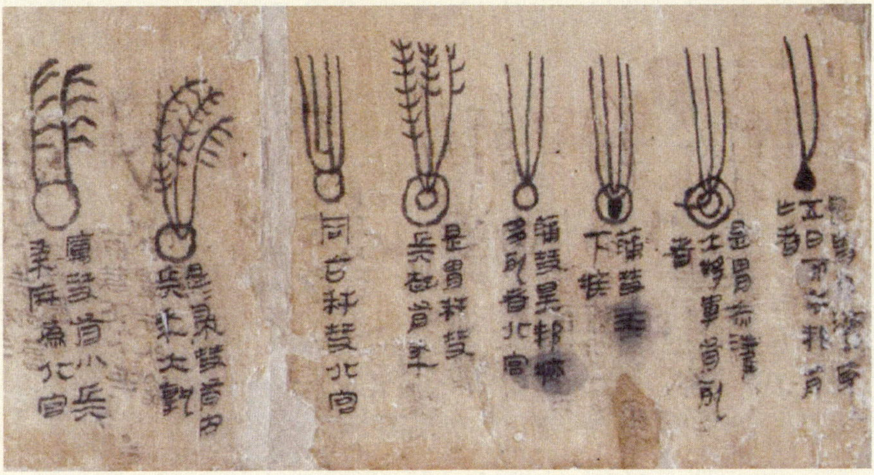

帛书《天文气象杂占》局部，西汉，湖南省博物馆藏。

帛书《天文气象杂占》1973年出土于长沙马王堆三号汉墓，是一份朱墨彩绘、图文并茂的珍贵文物，是目前发现最早的天文专著。这是一种利用天象来占验灾异变故、战争胜败的图书，自上而下排成六列，占语之上天象用朱、墨两色彩绘其形状。其中“彗星图”部分，是历史上最早的彗星运行记录，绘制了二十七颗彗星，每颗都绘有彗头、彗尾，有的彗头中间还有彗核。据研究，这些彗星图记录了二十七次彗星的出现，每次出现形状不一，观测时长可能有上千年，从春秋战国直到汉代。虽然在众多史书中一般笼统称为彗星，实际上古人根据其形状又细分出许多名称，不同彗星预示的灾异也不同。不知其中哪一颗是“授殷人其柄”的那颗呢？

集腋成裘
“集”的原来是狐狸的腋毛

“集腋成裘”这个成语的字面意思是集了许多腋毛制成毛皮衣服，比喻积少成多，集众资而成一事。“腋”指腋毛，而且在这个成语中专指狐狸的腋毛。

“集腋成裘”一语出自战国时期法家代表人物慎子所著《慎子》一书。在《知忠》篇中，慎子写道：“粹白之裘，盖非一狐之皮也。”在别的版本中，这句话也写作：“狐白之裘，盖非一狐之腋也。”狐裘是古代社会上层人士的服饰，《诗经》中屡有“彼都人士，狐裘黄黄”“取彼狐狸，为公子裘”“君子至止，锦衣狐裘”的诗句，朱熹解释说：“锦衣狐裘，诸侯之服也。”

《礼记·玉藻》篇中载：“君衣狐白裘，锦衣以裼之。”狐狸只有腋毛是纯白的，因此这一部分皮毛最为贵重，为国君所服。古人所穿的“裘”就是皮衣，跟今天不一样，今天往往是把有毛的一面穿在里面，而古人则是把有毛的一面穿在外面，这是因为只有把毛显露在外，才能看到毛的美丽的色泽。在行礼或者见宾客时，“裘”的外面必须加一件罩衣，称作“裼（xī）衣”，否则会被视作不敬。裼衣披在肩上，但是无袖，以便露出里面的“裘”的颜色。

裼衣和裘的颜色还要搭配。《论语·乡党》中记载了相关的规定：“缁衣，羔裘；素衣，麑裘；黄衣，狐裘。”“缁（zī）衣”，黑色的衣服；“麑（ní）”，幼鹿。黑色的衣服配黑色的羔羊皮衣，白色的衣服配白色的幼鹿皮衣，黄色的衣服配黄色的狐狸皮衣。相应地，国君的狐白裘要配彩色的锦衣，对比鲜明。

在古代中国，狐狸是非常神秘的动物，狐皮当然也就非常珍贵，古人甚至认为“狐皮出天外”，也因此而有“千羊之皮，不如一狐之腋”的俗语。白居易有诗“柔如狐腋白似云”，吟咏的就是狐白裘，柔和白是其最明显的两大特征。“集腋成裘”这个成语，当然也就顺理成章地用狐狸的腋毛来作比。

《雍亲王题书堂深居图屏·裘装对镜》，清代宫廷画师绘，绢本设色，北京故宫博物院藏。

《雍亲王题书堂深居图屏》共十二幅，又称《雍正十二美人图》，这是其中一幅。画面上仕女身着宝蓝裘装，领口袖口露出里面的红袄，腰间佩玉，一手搭于暖炉上御寒，一手持铜镜，神情专注地对镜自赏。画中背景是一幅行草体七言诗挂轴，落款为“破尘居士题”。“破尘居士”是雍正皇帝为雍亲王时自取的雅号。左侧有半扇窗，透过窗纱可见青竹一丛，窗台上有一盆水仙。室内装饰布置十分考究，仕女服饰与周围器物色调呼应，无不与季节协调，显出主人的富贵雅致。宝蓝裘装的雪白里子，不知是不是狐白裘呢？此画造型生动准确，笔致工细严谨，为仿宋代前期院体画画风。

人间

向壁虚造
为什么非得对着墙壁虚构呢？

“向壁虚造”还可以写作“向壁虚构”，面对着墙壁进行虚构，比喻没有事实根据，凭空想象捏造。不过仔细一想问题就来了：如果要凭空想象，面对着天空比面对着墙壁更加合适，也更符合凭空想象的语义，而且历史上还曾经有过先例。据《世说新语·黜免》记载，东晋时期，中军将军殷浩北伐失败，被废为庶民并流放到东阳郡信安县，“殷中军被废，在信安，终日恒书空作字。扬州吏民寻义逐之，窃视，唯作‘咄咄怪事’四字而已”。“书空”指用手指在空中虚划字形，殷浩“书空”的正是“咄咄怪事”这四个字。“书空作字”跟“向壁虚造”是一个道理，那么后者为什么不可以是“向空虚造”，而偏偏要“向壁虚造”呢？

原来，这个成语的诞生跟中国历史上一段著名的公案有关。《汉书·艺文志》中有详细的记载：“《古文尚书》者，出孔子壁中。武帝末，鲁共王坏孔子宅，欲以广其宫，而得《古文尚书》及《礼记》《论语》《孝经》凡数十篇，皆古字也。共王往入其宅，闻鼓琴瑟钟磬之音，于是惧，乃止不坏。”

鲁共王刘余是汉景帝之子，先被封为淮阳王，后改封为鲁王，从淮南迁到曲阜。《史记》称他“好治宫室苑囿狗马”，因此才会拆除孔子故宅以扩建自己的宫室，没想到发现了秦始皇焚书时孔子后人所藏的《古文尚书》等文献，这就是著名的“壁中书”。

这些新发现的文献乃是用六国文字所写，既不同于汉代的隶书，又不同于秦代的小篆，因此被称作“古文”，与此同时也有人认为是假造的。许慎在《说文解字序》中描述了这一事件："壁中书者，鲁恭王坏孔子屋而得《礼记》《尚书》《春秋》《论语》《孝经》。又北平侯张苍献《春秋左氏传》，郡国亦往往于山川得鼎彝，其铭即前代之古文，皆自相似。虽叵复见远流，其详可得略说也。而世人大共非訾，以为好奇者也，故诡更正文，乡壁虚造不可知之书，变乱常行，以耀于世。"

这段话的意思是说：包括壁中书在内的前代的古文都很相似，因此可以判定是真实的，虽然不能再现远古文字的全貌，但先秦文字的情况却能知道个大概了。"訾（zǐ）"是非议、诋毁之意，世人都诋毁这些古文字，认为是好奇者所作，故意更改现行文字的写法，伪造不可知之书，假托出自孔子故宅的墙壁之中，以炫耀于世。许慎批评这些人"迷误不谕，岂不悖哉"。

"乡"通"向"，"乡壁虚造"即"向壁虚造"，这就是这个成语的出处，"向壁"乃专指孔子故宅藏书的墙壁。

《伏生授经图》局部，传唐代王维绘（实为张僧繇绘），绢本设色，日本大阪市立美术馆藏。

伏生，济南人，是孔子的弟子宓子贱后裔，原为秦博士。秦始皇焚书坑儒时，伏生冒着生命危险将《尚书》藏在墙壁夹层中。后来汉文帝求能治《尚书》之人而发现了伏生，伏生口授《尚书》，晁错笔录，终于将《尚书》整理记录下来，这就是传世的今文《尚书》。

此图画伏生讲授典籍的情景。伏生授经时已年过九十，故而画中是一个垂垂老者，着头巾，头微左侧，赤膊露肩，坐于蒲团上，右手持卷，左手指点，大约正讲到紧要之处。他身体之瘦弱几乎形销骨立，似乎仅持卷已非常吃力，而神情又如此静穆专注。全幅运笔古拙简练，细劲沉稳，用色不多，清雅宁静。后人谓其“人物之妙，有非唐人所能及之者”。

上下其手
真的是对女性耍流氓吗？

文学作品中常常用“上下其手”来形容男人对女人的猥亵，殊不知这个词完全不是这回事。

“上下其手”这个成语出自《左传·襄公二十六年》中记载的一次战争：楚康王和秦国人联合去攻打郑国，郑国的大夫皇颉出城和楚国的县尹穿封戌交战，结果战败后被俘。楚康王的弟弟公子围想争功，非说是自己俘虏的皇颉。穿封戌和公子围争执不下，就去找大夫伯州犁当裁判。伯州犁出主意说，咱们一起去问问俘虏吧，听他怎么说。

三人把皇颉带了过来，伯州犁对皇颉说：“他们二人是为您这位君子所争，请您说实话。”

公子围是楚康王的弟弟，伯州犁当然要向着他，于是伯州犁向皇颉“上其手”，就是高举着手，先介绍公子围说：“这一位是我国的王子公子围，也是我们国君尊贵的弟弟。”介绍完公子围，伯州犁又“下其手”，就是把手垂得低低的，指着穿封戌介绍说：“这一位穿封戌，是我们国家方城外的县官。”然后伯州犁问皇颉：“他们俩哪一位俘虏了您？”

皇颉可不是傻子，伯州犁“上下其手”的暗示那么明显，他怎能不理解？皇颉假装垂头丧气地回答道：“唉！谁让我遇见了贵国的王子呢？我是被他打败的。”

穿封戌听了大怒，拿着长戈去攻击公子围，没有追上，这场功劳就此算在了公子围身上。《旧唐书·魏征传》记魏征曾针对此事评价道：“昔州犁上下其手，楚国之法遂差。”正是伯州犁的“上下其手”导致楚国的法纪从此开始废弛了。

由于伯州犁的这番做派，后人就用“上下其手”来形容互相勾结，玩弄手法，串通作弊。比如晚清李伯元所著《文明小史》第二十九回“修法律钦使回京 裁书吏县官升座”中写道：“那时刑部堂官，是个部曹出身，律例盘得极熟，大约部办也拿他不住，不能上下其手。”可见“上下其手”这个成语早已是形容玩弄手段的习用语，后人望文生义，竟然把这个词用于男人调戏女人，实在是令人浩叹！

顾恺之（348—409），字长康，小字虎头，晋陵无锡（今江苏无锡）人。博学多艺，工诗赋、书法，尤善绘画，凡人物、佛像、禽兽、山水皆能，时有“才绝、画绝、痴绝”之称。画师法卫贤，行笔细劲连绵，如春蚕吐丝，行云流水，出之自然。画人物尤善点睛。《列女仁智图卷》内容为汉代刘向《古列女传》第三卷《仁智传》中的人物故事。这一段描绘的是“晋伯宗妻”的故事。伯宗好以直辩凌人。他的妻子常常告诫他，又劝他结交贤大夫，以托付儿子伯州犁。后来伯宗果然因直言遇害，伯州犁因其结交的毕羊

《列女仁智图卷》局部，旧传东晋顾恺之绘，南宋人摹本，绢本墨笔淡着色，北京故宫博物院藏。

护送奔楚国得免。君子谓伯宗之妻知天道，的确是一个有大智慧的女子。

画中伯宗妻着杂裾垂髾，衣带当风，身姿挺拔，从容似含笑，怀中抱着稚子伯州犁。有这样一位母亲，伯州犁后来却做出“上下其手”之事，可叹。

人浮于事
人怎么会“浮”在事情上呢？

“人浮于事”这个成语的演变很有意思。今天的意思是机构重叠，人员过多，或者人多事少，人人都像浮在事情的表面一样，真正干事的人反而很少。因此，这是一个不折不扣的贬义词。不过古时刚刚相反，“人浮于事”竟然是一个不折不扣的褒义词。

这个成语出自《礼记·坊记》：“子云：‘君子辞贵不辞贱，辞富不辞贫，则乱益亡。故君子与其使食浮于人也，宁使人浮于食。’”郑玄注解说：“食，谓禄也。在上曰浮。禄胜己则近贪，己胜禄则近廉。”

这是记的孔子的话。“食”指俸禄，古代的俸禄以粮食计算，故称“食”；“浮”不是浮起来，而是超过。这段话的意思是说：如果人人都像真正的君子一样，宁愿推辞掉富贵，安贫乐道，那么天下就不会出什么乱子了。如果所得的俸禄超出了自己的能力和贡献，那就类似于贪污，为君子所不耻；只有自己的能力和贡献超出了该得的俸禄，才能称得上廉洁。因此，君子宁肯少拿工资，使“人浮于食”，也不愿意“食浮于人”。

由此可知，“人浮于事”最早应该写作“人浮于食”，是指个人的能力和所做的贡献超出了该得的俸禄。只有“人浮于食”，才能称作君子的风范，所以说这是一个不折不扣的褒义词。大约到了清代，人们已经不理解这个词最初的含义，再加上“食”和“事”同音，于是望文生义地改成了“人浮于事”，人好像浮在事情的表面一样，这个词从此就变成了一个贬义词。

《帝王道统万年图》之「舜帝」，明代仇英绘，绢本设色，台北故宫博物院藏。

仇英（约1494—1552），字实父，号十洲，江苏太仓（今江苏苏州）人。初曾为漆工，后从周臣学画，兼擅多能，为明四大家之一。《帝王道统万年图》共二十幅，描绘从伏羲氏至宋仁宗等名主事迹，对幅有顾可学题记，应是仇英应顾氏请托而绘，用以进献朝廷，求得仕进。全册下笔精熟，赋青绿重彩，间或掺用泥金钩边，华丽细腻。

此幅颂扬舜帝“任贤敷德，夷夏同风”。虞舜时，南方的有苗氏不服管辖，禹请求率兵征伐，舜不许，而是大力实行教化，“舞干羽于两阶，七旬，有苗格”。画面中舜帝及五臣似正在殿上议事，台阶下两人衣红裳起舞，一人执“干”，一人执“羽”，颇有垂拱而治的升平气象。《论语·泰伯》中说：“舜有臣五人而天下治。”五臣指禹、稷、契、皋陶、伯益。以五人而治天下，则很难出现“人浮于事”的状况了。

飞扬跋扈
“跋扈”指的到底是什么东西？

杜甫在《赠李白》一诗中写道：“痛饮狂歌空度日，飞扬跋扈为谁雄。”这是描写李白越出常规，不受任何拘束的情态。不过，后来“飞扬跋扈”这个成语变成了一个贬义词，形容骄横放肆，恃强暴戾。

“跋扈”这个词的语源非常有意思。“跋”的本义是踏草而行或翻山越岭；《尔雅·释山》中解释说，“扈”是用来形容山的：“山大而高，崧；山小而高，岑；锐而高，峤；卑而大，扈；小而众，岿。”大而高的山称作“崧”（通“嵩”），小而高的山称作“岑”，高而尖的山称作“峤”，低而大的山称作“扈”，丛列的小山称作“岿”。

明人张存绅所著《雅俗稽言》由此解释说：“按《尔雅》山卑而大曰扈。跋扈者，言强梁之人，行不由正路，山卑而大，且欲跋而踰之也。”这是从字面意义上来解释的，“跋扈”是指强盗作案，当然不敢走正路，于是就翻过低低的山，去山那边打家劫舍。

还有一种说法出自唐代学者颜师古。清代外方山人所辑《谈徵》一书中引述了颜师古的这一解释：“跋扈，犹言强梁也。颜师古曰：扈，竹篱也。水居者于水未至先作竹篱，候鱼之入，水退，小鱼独留，大鱼跳跋扈篱而出，故言跋扈也。”

也就是说，“扈”是竹篱笆，在海边居住的百姓预先扎好竹篱笆，等涨潮的时候张开竹篱笆，水把鱼都带进来了，潮水退了之后，鱼自然就被阻在了竹篱笆里面。小鱼挣扎一番，徒劳无功，只好束手就擒；可是那些大鱼就不一样了，总是能够奋力从竹篱笆上面跳过去，此之谓“大鱼跳跋扈篱而出”，故称“跋扈”。

显然，这是东南沿海一带的渔业景象。魏晋南北朝时期，这种在海中捕鱼的方法已经广泛应用了，被当地渔民称作“扈业”或者“云扈”。唐代徐坚编撰的大型类书《初学记·州郡部》引述南朝学者顾野王《舆地志》中的记载：“扈业者，滨海渔捕之名。插竹列于海中，以绳编之，向岸张两翼。潮上即没，潮落即出。鱼随潮碍竹不得去，名之云扈。”

这种竹编的篱笆也称“簖（duàn）”或“沪”。清人阮文藻《观毒鱼》一诗中的诗句“小鱼戢（jí）戢波面浮，大鱼跋扈高一丈”，就是这种捕鱼法的生动写照。

不管是强盗还是大鱼，依靠的都是强力，因此就用“跋扈”一词来比喻那些恃强之辈。

东汉末年的外戚、权臣梁冀专擅朝政，肆意妄为。据《后汉书·梁冀传》载，汉顺帝、汉冲帝相继死后，梁冀立年仅八岁的刘缵（zuǎn）为质帝。质帝虽然年幼，但是很聪明，早就看到了梁冀的骄横之态，有一天上朝的时候，质帝看着梁冀，对群臣说：“此跋扈将军也。”梁冀心中大怒，当天就派人进献掺进毒药的饼汤，毒死了质帝。

梁冀实在太凶恶了，因此后人也用“跋扈将军”这个称呼戏称暴风。北宋陶谷所著《清异录》有“跋扈将军”一条：“隋炀帝泛舟，忽阴风颇紧，叹曰：‘此风可谓跋扈将军。’”

“飞扬跋扈”连用始于南北朝乱世。据《北史·齐高祖本纪》载，东魏丞相高欢的手下有一名大将叫侯景，拥兵十万，专制河南，高欢早已洞悉侯景的野心，对儿子说：“景专制河南十四年矣，常有飞扬跋扈志。”果然，高欢一死，侯景就投降了梁武帝。

“飞扬”是形容鸷鸟飞扬，“跋扈”是形容大鱼跋扈，自此之后就开始连用了。

矶田湖龙斋（礒田湖龍斎，1735—1790），本姓藤原氏，俗称庄兵卫，原是神田小川町旗本土屋家的浪人，明和年间后期从事绘画的工作。虽然并非铃木春信直接门人，但画风深受其影响。与春信美人相比，他笔下的美人造型比较写实。

这幅画的是一个游女扮作李白的形象，作者将人物放到著名的望庐山瀑布的典型场景中，以使境界完整。扮成李白的游女一副醉容，步履蹒跚，整个依靠在一旁的婢女身上，还挣扎回望。婢女一手搀扶她，一手拎着一个硕大酒葫芦。“痛饮狂歌”的意思是略具了，“飞扬跋扈”方面却差得远呢。

《风俗贤人略　李白》，矶田湖龙斋绘，约一七七六—一七八一年。

風俗賢人男
李伯
湖龍画

河东狮吼
河东的狮子到底是谁？

“河东狮吼”是形容悍妇、妒妇发怒的情形，人尽皆知，可是为什么非得是“河东”的狮子吼叫，而不是别的地方的狮子吼叫呢？想来很多人都不清楚。

这个成语出自苏东坡《寄吴德仁兼简陈季常》一诗中的四句：“龙丘居士亦可怜，谈空说有夜不眠。忽闻河东狮子吼，拄杖落手心茫然。”龙丘居士即陈季常，是苏东坡的好朋友，隐居在黄州的岐亭（今湖北麻城），自号龙丘居士。苏东坡贬官黄州，和陈季常过从甚密。

陈季常的妻子姓柳，是河东人氏，河东即今山西，古代是柳姓望族世居之地，因此柳氏被称为“河东夫人”。陈季常嗜酒好剑，挥金如土，常常自称一世豪士。这样的性格当然喜欢结交朋友，结交朋友就要喝酒，喝酒就要召妓，这是古代文人的传统作风。另外陈季常还蓄有小妾，善妒的柳夫人常常为此跟丈夫生气。苏东坡这四句诗就是取笑陈季常彻夜不眠地跟朋友们饮酒高谈阔论之时，柳夫人不耐烦了，像一头母狮子一样大吼一声，可怜的陈季常一阵哆嗦，拄着的手杖都吓掉了，心中茫然，战战兢兢。可见陈季常平时是多么惧内。

陈季常的小妾叫秀英。苏东坡酒量甚浅，但是却喜欢喝，一喝就喝醉，一喝醉就开始出洋相。有一次喝醉后，苏东坡给陈季常寄了一封信，酒醒后什么都不记得了。苏东坡的夫人告诉丈夫，信中写的是“乞秀英君”，居然要跟秀英一夜情！苏东坡吓了一跳，赶紧又给陈季常写信谢罪，并诙谐

《环翠堂新编出像狮吼记》上卷第九出『奇妒』插图，明代汪廷讷撰，高士里藏版，明万历环翠堂刻本。

《狮吼记》乃谐剧杰作，全本三十出，借苏东坡赠陈季常“忽闻河东狮子吼，拄杖落手心茫然”之诗，附会虚构陈季常惧内的故事，极尽夸张柳氏之善妒。

第九出“奇妒”讲的是陈季常因冶游被柳氏杖责，苏东坡扮作仆人前来探望。画面分墙外、厅内两部分。屋中，柳氏高坐，一手袖子撸起，神色不善。陈季常单膝跪地，手捧自己的青藜杖，觍颜请柳氏“行夏楚之刑”。而门外着便衣小帽，侧身倾听，略带鬼祟的便是陈季常的“损友”苏东坡了。书中插图应出自当时徽派名家之手，刻画生动细腻。

地自嘲道“所谓醉时是醒时语也”，意思是我平常就眼馋秀英，醉后吐了真言。这当然是苏东坡的幽默。在古代，妾根本就没有什么地位，主人甚至常常让妾陪自己要好的客人睡觉。河东夫人的忌妒是出了名的，所以苏东坡这封谢罪信其实是写给柳夫人看的，由此可见柳夫人的忌妒不仅针对丈夫，而且也针对丈夫的朋友——她不仅忌妒丈夫的小妾，甚至当丈夫的朋友乞求小妾的时候，她同样也会忌妒。

这桩公案是这样结束的：陈季常收到信后，赠给苏东坡一方“揞（ǎn）巾”，“揞巾”是擦拭所用。苏东坡就坡下驴，回了一首诗《谢陈季常惠一揞巾》，以自嘲收尾。

黄庭坚也是陈季常的好朋友。在一封信中，黄庭坚调侃道：“听说柳夫人又生病了？季常你年事已高，只求清净，再也没有纳过妾，那么柳夫人这病是怎么得的呢？”又一封信说：“你游山玩水的时候有小妾跟着，可以调理饮食起居，使病情减轻，河东夫人却不知道怜惜你，怎么还是这么不懂事啊！”可见柳夫人善妒的名声有多么响亮！

不欺暗室
为什么比喻光明磊落？

“暗室”乃是自己独处而别人看不见的地方，即使在这样的地方，也绝不做亏心事，此之谓“不欺暗室”，这也恰恰符合古代中国人“举头三尺有神明”的传统信仰。

汉魏晋南北朝时开始流行“不欺暗室”这一习用语。据《南史·梁简文帝本纪》载，梁简文帝萧纲（字世赞）被叛将侯景所害，被围困期间，曾作诗文明志，自序云：“有梁正士兰陵萧世赞，立身行道，终始若一。风雨如晦，鸡鸣不已。弗欺暗室，岂况三光？数至于此，命也如何！”“三光”指日、月、星，“弗欺暗室”对应于日、月、星“三光”，足可见简文帝深为一生的光明磊落而自傲。

不过，“不欺暗室”还有更有趣的原型。西汉学者刘向在《列女传》中记载了卫灵公夫人的故事，归入“仁智传”。

“灵公与夫人夜坐，闻车声辚辚，至阙而止，过阙复有声。公问夫人曰：‘知此谓谁？’夫人曰：‘此必蘧伯玉也。’公曰：‘何以知之？’夫人曰：‘妾闻礼下公门，式路马，所以广敬也。夫忠臣与孝子，不为昭昭信节，不为冥冥堕行。蘧伯玉，卫之贤大夫也，仁而有智，敬于事上，此其人必不以暗昧废礼，是以知之。’公使视之，果伯玉也。”

“阙”，宫门的代称；“公门”，国君的外门；“式”，通“轼”，车前供凭倚的横木，以手抚轼为古人表示尊敬的礼节；“路马”，国君之马。

蘧（qú）伯玉是卫国的贤大夫，即使夜过宫门也要按照礼制下车，过了宫门再上车。灵公夫人评价他“不为冥冥堕行”,“必不以暗昧废礼”,都是“不欺暗室”之意。

这个故事还有一个有趣的结尾：“公反之，以戏夫人曰：‘非也。’夫人酌觞，再拜贺公。公曰：‘子何以贺寡人？’夫人曰：‘始妾独以卫为有蘧伯玉尔，今卫复有与之齐者，是君有二贤臣也。国多贤臣，国之福也。妾是以贺。’公惊曰：‘善哉！’遂语夫人其实焉。”灵公夫人的反应实在太快，果然不愧“仁智”的赞语！

《列女仁智图卷》局部，旧传东晋顾恺之绘，南宋人摹本，绢本墨笔淡着色，北京故宫博物院藏。

《列女仁智图卷》内容为汉代刘向《古列女传》第三卷《仁智传》中的人物故事。这一段画面描绘了卫灵公与夫人夜坐对谈的情景。夜深人静，油灯昏黄，夫妻二人席坐，碗盏陈列于前，正是小酌怡情的良辰。灵公夫人托了酒盏奉上，姿势恭敬，飘扬的衣带又暗示了人物的洒脱自信。二人亲切相对，气氛很温馨。此时远处传来辚辚车声，更衬托出夜色之遥深。

天之骄子
原来是匈奴的自称

1977年恢复高考制度之后，幸运考上大学的大学生们就开始被社会称为“天之骄子”，到了二十世纪八十年代，这个称谓开始成为大学生的专用头衔。鲜为人知的是，在古代，“天之骄子”一词可不能随便乱用，而是有其固定所指。

“天之骄子”这一称谓最早出自匈奴首领狐鹿姑单于之口，时间远在公元前89年。这一年，匈奴在和大汉的争战中占了上风，于是狐鹿姑单于傲慢地给汉武帝写了一封信，要求与大汉通关贸易，娶汉女为妻，并索求贡品。

在这封信一开头，单于就声称 :“南有大汉，北有强胡。胡者，天之骄子也，不为小礼以自烦。”狐鹿姑单于自称匈奴人是“天之骄子”，这一称谓绝非狐鹿姑单于一时心血来潮，信口开河，而是跟匈奴最高统治者的称号有关。据《史记》《汉书》记载，匈奴首领称号为“撑犁孤涂单于”，“撑犁”是天的意思，“孤涂”是子的意思，“单于”是广大的意思，就像中原的皇帝自称“天之子”一样，匈奴的最高首领也自称“撑犁孤涂单于”——广大的天之子。因此，狐鹿姑单于才把匈奴民族称作“天之骄子”。

从此之后，汉语言就用“天之骄子”泛指强盛的边地少数民族或其首领，也可简称为“天骄”，一直到二十世纪上半叶，从未用来指称除此以外的任何人群。《全唐诗》中出现了大量的“天骄”，无一例外全部指胡人。比如王维《出塞》:“居延城外猎天骄，白草连天野火烧。”李白《幽州胡马客歌》:

"天骄五单于，狼戾好凶残。"杜甫《留花门》："北门天骄子，饱肉气勇决。高秋马肥健，挟矢射汉月。"……

除了匈奴之外，其他少数民族也都自称"天骄"或"天之骄子"。《旧五代史》如此记载回鹘民族："唐天宝中，安禄山犯阙，有助国讨贼之功，累朝尚主，自号'天骄'，大为唐朝之患。"到了成吉思汗横行天下的时候，蒙古族更是自称"天之骄子"，蒙古族的最高首领称"大汗"或"可汗"，就是上天的意思。明代也不例外，诗人何景明有诗《汉将篇》："共看拔剑追骄子，自许弯弓射左贤。"当然，最为今天的中国人所熟知的，莫过于毛泽东的《沁园春·雪》了："一代天骄，成吉思汗，只识弯弓射大雕。"

随着国家统一的最终完成，"天之骄子"的称谓就失去了专指的含义，从而演变成了对某个人群的泛称了。

陈居中，生卒年不详，南宋时期宫廷画家，工人物、蕃马，笔法精细，形象传神。此幅敷色古澹，从画风看，约是十四世纪中期后人临本。

苏武出使匈奴被羁，守节不屈，徙北海牧羊十九年；李陵出征匈奴，力竭被执而降，武帝诛其家，遂不得归汉。李陵闻苏武将返，特来相饯，泫然对泣，不胜哀戚。画幅中苏武与李陵握手道别，萧瑟景物与人物愁蹙的表情相呼应。李陵本是汉名将，却老死匈奴，

《苏李别意图》局部，传南宋陈居中绘，绢本设色，台北故宫博物院藏。

一生国仇家恨，名辱身冤，令后人慨叹。单于很看重李陵，把女儿嫁给他，立他为右校王，史载唐朝还有自称李陵后裔的番邦使团前来“认亲”。画面上李陵及其随从发型衣饰都作匈奴人打扮。

斤斤计较
“斤斤”是形容明察秋毫的样子

“斤斤计较”的意思是对琐碎细小、无关紧要的事情过分计较。这里的“斤”不是指一斤两斤，“斤斤计较”也不是对一斤两斤过分计较，“斤斤”是形容明察秋毫的样子。由此可知，“斤斤计较”本来是一个褒义词，现在却变成了贬义词。

“斤”的本义是伐木的斧子，引申为砍削，当动词使用。砍削的时候自然要看得分明，否则一不留神就会砍到自己的手，因此“斤斤”引申为明察之意。这个词出自《诗经·周颂·执竞》。《执竞》是合祭周武王、周成王和周康王的诗篇，其中称颂“自彼成康，奄有四方，斤斤其明”，意思是从成王和康王的时代起，扩张领土，拥有了天下四方，得益于成康的英明善察。《汉书·叙传》中也有“平津斤斤”的记载，表扬平津侯公孙弘明察秋毫。

经过漫长的语义演变，“斤斤”跟“计较”连用到了一起，成了一个贬义的成语。“斤斤计较”有个同义词“锱铢必较”，不过跟“斤斤”相反，这个成语中的“锱铢”倒是计量单位，“锱（zī）”是一两的四分之一，“铢”是一两的二十四分之一，因此“锱铢”比喻极其微小的数量。

《太平风会图》局部，传元代朱玉绘，纸本设色长卷，美国芝加哥艺术博物馆藏。

朱玉（1293—1365），字君璧，一作均璧，昆山（今江苏昆山）人，元代画家，生平鲜为人知。《太平风会图》描绘了十四世纪中国大都市的生活百态。画中人物形象丰富生动，包括文人儒士、贩夫走卒、百工艺人等，他们或举家出游，或当街叫卖，或醉卧街头，或跣足，或乘车，或赶牛，或骑驴，肩扛身背，携幼纵犬，细节之丰富令人目不暇接。卷中衣冠人物多元时制度。整个卷轴像是一幅市井百工图谱。

在这一段画面上，一匹惊马带来戏剧性场面，有的救人，有的拦马，旁边洗衣、卖肉、赶路的全都看过来，几乎可以听到人呼马叫的喧嚷。

半老徐娘为什么姓徐？

“半老徐娘”又写作“徐娘半老”，形容那些年长色衰但是风韵犹存、打扮风骚的妇女，含有一定的贬义成分。为什么非得姓“徐”而不是别的姓呢？很多人可能都不太清楚。

原来，这个称谓出自南朝梁元帝萧绎的妃子徐昭佩。徐昭佩虽然出身名门望族，但是长相却很一般，《南史·后妃传》称她“妃无容质”，不是美女，因此在生下一子一女之后，萧绎便很少再来徐昭佩的住处，两三年才会跟她行一次房。徐昭佩又生气又妒忌，好像变了一个人似的。

萧绎是独眼龙，瞎了一只眼睛，每逢萧绎兴致大发，来到徐昭佩住处的时候，徐昭佩就只画半面妆，借以讽刺萧绎只有一只眼睛看得见。这一招未免过于恶毒，对残疾人的心理打击可想而知，于是萧绎更加恼怒，一看见半面妆立马就离开。李商隐曾有一首叫《南朝》的诗描写这一场景：“地险悠悠天险长，金陵王气应瑶光。休夸此地分天下，只得徐妃半面妆。”徐昭佩还酗酒，大醉后如果碰见萧绎前来，就故意呕吐在萧绎的衣服上。徐昭佩这种种不合人情的行为都是心理变态所致。

深宫寂寞，岁月渐渐流逝，徐昭佩的年龄也越来越大，她开始寻找面首，抚慰自己空虚的肉体。她先和瑶光寺的智远道人私通，又和萧绎的大臣暨季江私通，接着又跟贺徽在尼姑庵里私通，并互相把海誓山盟的情诗写在白角枕上相赠。这种事情本来是徐昭佩和情人之间的隐私，但是暨季江却憋不住，经常暗地里向别人感叹道：“柏直狗虽老犹能猎，萧溧阳马虽老犹骏，徐娘

《女史箴图》卷局部，东晋顾恺之绘，唐摹本，绢本设色，大英博物馆藏。

《女史箴图》为大英博物馆最著名的中国书画藏品，根据西晋诗人张华的《女史箴》内容所绘，旨在用历代贤妃的故事来告诫宫廷后妃须遵守妇德。张华《女史箴》原文十二节，所画亦为十二段，顾恺之原作已佚，现存《女史箴图》最负盛名的摹本有两卷，分别是藏于大英博物馆的唐摹本和藏于北京故宫博物院的宋摹本。

这一段的主题是“化妆”，诗曰：“人咸知修其容，莫知饰其性。性之不饰，或愆礼正。斧之藻之，克念作圣。”意思是化妆只能修饰容貌，女子更应重视德行的修养。画面中三个妃子正对镜梳妆，左边一个妃子坐在铜镜和化妆盒前，另一个妃子为她梳头，右边一个似已梳妆完毕的妃子正在对镜审视自己的妆容，从镜中可以看到她美丽的侧脸。

顾恺之的年代与徐妃故事的年代相距不远，徐妃每日梳妆的场景大约与图中描绘相似吧，只不知半面妆是如何操作的。以《女史箴》对照，徐妃面对帝王，既不修饰容貌，也无德行可言，任性纵情，真是不守妇道极了，但这样恣意的一生大概也令很多女子暗暗羡慕吧。

虽老犹尚多情。”意思是说柏直的猎狗老了还能逮到猎物，萧溧阳的马老了还是骏马，徐昭佩这位徐娘虽老犹尚多情。这就是“半老徐娘”的最早出处。

像很多后妃一样，徐昭佩的妒忌心也很强，平时喜欢交接那些不受宠的妃子，但是一旦发现该妃子怀了孕，立马醋海翻腾，甚至亲手拿刀杀了对方。后来萧绎宠爱的妃子王氏产子后病逝，萧绎怀疑是徐昭佩下的毒手，逼她自尽。徐昭佩遂投井而死。死后萧绎还把她的尸体送回娘家，称作“出妻”，死后还要跟她离婚，可见萧绎对徐昭佩的厌恶。

徐昭佩死了，可是“半老徐娘”这个称谓却流传下来，“徐娘半老，风韵犹存”也成为人们的日常用语，其中的调侃意味直逼暨季江的感叹。

咄咄怪事
原来是无声的抗议

“咄（duō）”是叹词，本义是相呼、呵斥之声，“咄咄”因此用来表示感慨、责备或者惊诧之意。既然如此，那么当人“咄”或“咄咄”的时候，一定会发出声音，否则怎么能够让人看出自己的感慨、责备或者惊诧呢？

比如“咄咄逼人”这个成语，出自《世说新语·排调》。有一次，东晋大将桓玄和荆州刺史殷仲堪等人游戏，规定每人都要说出一句“危语”，也就是使人害怕的话。桓玄说：“矛头淅米剑头炊。”“淅（xī）”是淘米的意思。用矛头淘米，用剑头煮饭。殷仲堪说：“百岁老翁攀枯枝。”画家顾恺之说：“井上辘轳卧婴儿。”殷仲堪有一位幕僚在座，随口也来了一句：“盲人骑瞎马，夜半临深池。”殷仲堪一听，大喊一声：“咄咄逼人！”原来殷仲堪年轻时瞎了一只眼睛，因此才会觉得幕僚出语伤人，是在讽刺自己。

但是在“咄咄怪事”这个成语中，“咄咄”却并非发于口，而是无声的抗议。这个成语出自《晋书》和《世说新语·黜免》，而且竟然也跟殷家有关，是殷仲堪的堂叔殷浩的故事。

殷浩时任中军将军，以收复中原为己任，无奈屡屡兵败，被名将桓温上奏朝廷，贬为庶人。殷浩虽然被贬，却终日无怨言，依然谈论《老子》和《周易》不辍。除此之外，殷浩还“终日恒书空作字，扬州吏民寻义逐之，窃视，唯作‘咄咄怪事’四字而已”。

扬州的官吏和百姓暗中模仿他的笔顺，写出来一看，原来是“咄咄怪事”四个字。“咄咄怪事”本来应该连声惊呼称怪，殷浩却只是拿笔在空中书写这四个字，有牢骚而不敢或不愿发，只能采用这种方式表达自己无声的抗议。有一次送别外甥韩伯，殷浩触景生情，随口吟咏了曹摅（shū）的两句诗："富贵他人合，贫贱亲戚离。"可见他心中的郁闷。

由这个故事还产生了另外一个成语"咄咄书空"，用来形容失志懊恨之态。

《无双谱》之『严先生』，清代金古良编绘，朱圭刻，清康熙三十三年（一六九四）刊本。

《无双谱》是清初浙派版画的力作，其画风受陈老莲影响，造型生动传神，刻工精美，每帧所配的乐府诗也朗朗可诵，人称诗书画三绝。

严先生即严光，东汉著名隐士，字子陵，少与刘秀同学。光武即位，严光隐居不见，光武令人寻访，终于在齐国发现一男子披羊裘钓泽中，派人请了三次严光才前往京城。刘秀亲自到他住所探视，曰：“咄咄，子陵不可相助为理邪？”光不应，良久才说：士各有志，何必相迫呢？归而钓于富春山。后来绘画中的严光大多是钓者形象。《无双谱》给这幅“严先生”配的乐府名为“咄咄词”：“何事刘文叔，近我故人足？偶然共卧天象移，诚哉轩冕如桎梏。富春山，七里滩，归来日日枕渔竿。浮云流水无今古，天上无劳太史看。”

东床快婿
“东床”和“快婿”本来是两个人

人们常常用“东床快婿”这个成语来形容自己满意的女婿，“快”是称心的意思。不过，“东床”和“快婿”本来是两个人。

《世说新语·雅量》篇中记载了一个有趣的故事：“郗太傅在京口，遣门生与王丞相书，求女婿。丞相语郗信：‘君往东厢，任意选之。’门生归，白郗曰：‘王家诸郎，亦皆可嘉，闻来觅婿，咸自矜持。唯有一郎，在东床上坦腹卧，如不闻。’郗公云：‘正此好！’访之，乃是逸少，因嫁女与焉。”

“郗太傅”指东晋大将郗鉴，时任太傅；“王丞相”指当朝丞相王导，是王羲之的叔父；“逸少”是王羲之的字。

宋代大型类书《太平御览》卷八百六十所引晋人王隐《晋书》中的记载稍有不同：“王羲之幼有风操，郗虞卿闻王氏诸子皆俊，令使选婿。诸子皆饰容以待客，羲之独坦腹东床，啮胡饼，神色自若。使具以告，虞卿曰：‘此真吾子婿也！’问谁，果是逸少，乃妻之。”

郗鉴号虞卿，故称“郗虞卿”。《晋书·王羲之传》则将“在东床上坦腹卧”改成了“在东床坦腹食”，应当是根据王隐的记载而来。由此可见王羲之的潇洒，这也就是所谓的魏晋风度。

从此之后，“东床”就成为女婿的代称。王羲之“东床坦腹”，把肚皮都袒露出来了，因此又敬称对方的女婿为“令坦”。

五代学者王定保所著《唐摭言》“散序”一节中记载道：“曲江之宴，行市罗列，长安几于半空。公卿家率以其日拣选东床，车马阗塞，莫可殚述。”

“曲江”即曲江池，位于今陕西省西安市东南，河水水流曲折，故称“曲江”。唐代时考中的进士，在放榜之后大宴于曲江亭，称“曲江会”或“曲江宴”，不仅长安城几乎半空，而且公卿之家还在宴席之中“拣选东床”，将看中的进士招为女婿。此乃唐代盛事，黄巢之乱后方才衰落。

“快婿”这一称谓的来历就更加有趣了。据《魏书·刘昞传》载，北魏时期敦煌名儒刘昞（bǐng）十四岁的时候师从博士郭瑀（yǔ）。“瑀有女始笄，妙选良偶，有心于昞。遂别设一席于坐前，谓诸弟子曰：‘吾有一女，年向成长，欲觅一快女婿。谁坐此席者，吾当婚焉。’昞遂奋衣来坐，神志肃然，曰：‘向闻先生欲求快女婿，昞其人也。’瑀遂以女妻之。”

“笄（jī）”是簪子。女子十五岁盘发插笄，表示成年。郭瑀所说的“快女婿”本指称心的女婿，没想到刘昞抖了抖衣服，抢在众人之前，飞“快”地坐到了这个座位上，神态严肃地说道：“您所求的快女婿就是我啊！”出自刘昞之口的“快女婿”，简直可视为跑得飞快的女婿！

不过，郭瑀十五岁的女儿既有心于刘昞，郭瑀对刘昞的毛遂自荐又非常欣赏，郭瑀便欣然将女儿许配给了刘昞，成就了这一桩姐弟恋。

后人将这两个故事、两种称谓捏合在一起，方才有了“东床快婿”这个成语。

《王羲之观鹅图》局部，元代钱选绘，纸本设色，约一二五九年，美国大都会艺术博物馆藏。

钱选（1239—1299），字舜举，号玉潭，又号巽峰、霅川翁，别号清癯老人、习懒翁等，湖州（今浙江吴兴）人。宋末元初著名画家，与赵孟頫等合称为“吴兴八俊”。

王羲之爱鹅，天下皆知，流传着书《道德经》换鹅的故事。图中树木蓊郁，竹林茂密，亭台掩映，白鹅戏水，王羲之凭栏观望。远山苍翠，村庄隐现于雾霭山林间。境界秀雅明润，风格古拙高逸。亭阁内，凭栏赏鹅的王羲之布巾宽袍，意态悠闲。卷末，钱选题了一首七绝：“修竹林间爽致多，闲庭坦腹意如何？为书道德遗方士，留得风流一爱鹅。”

出尔反尔
你做的事，最终会反加到你身上

“出尔反尔”这个成语的意思是前后言行自相矛盾，反复无常，但它的原意却不是这样，而是你怎么对待别人，别人也会怎么对待你。

此语出自《孟子·梁惠王下》。邹国和鲁国发生了一场战争，邹穆公向孟子请教：“我的官员战死了三十三个，而老百姓却没有一个愿意为长官效死的。杀了这些百姓吧，他们人数太多又杀不完；不杀他们吧，我又痛恨他们竟然眼睁睁地看着自己的长官赴死却不去救援。到底怎么办才好呢？”

孟子回答说：“现在是饥荒年头，而您的百姓呢，年老体弱的辗转饿死在荒山沟里，连青壮年都四处逃散，已经几千人了；可是您的粮仓里粮食堆得满满的，国库里金银财宝也囤积了无数，您的官员们没有一个人曾经向您汇报过这种情况。这就是对上怠慢国君，对下残害百姓啊！曾子曾经说过：‘戒之戒之！出乎尔者，反乎尔者也。’警惕啊！警惕啊！你做出的事情，最终会反加到你自己的身上。老百姓如今见死而不救，就是官员们做出的事反加到他们自己身上了。您不要再责怪这些百姓了。如果您能够施行仁政，百姓自然就会亲近他们的长官，愿为长官牺牲了。”

据孟子所说，原来“出乎尔者，反乎尔者”这句话最早是孔子的学生曾子说的，后来被简化成“出尔反尔”这个成语，但是古今的含义完全不一样了。

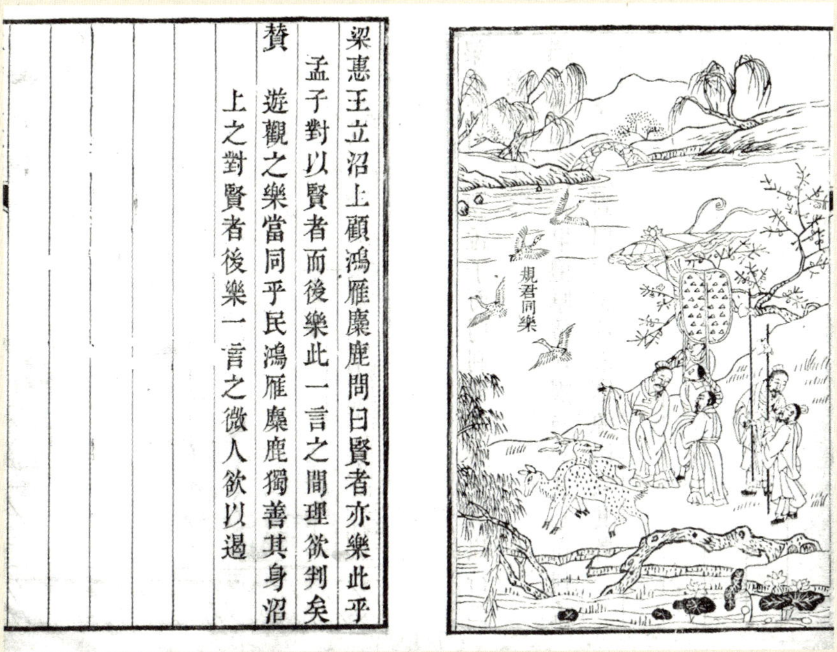
梁惠王立沼上顧鴻雁麋鹿問曰賢者亦樂此乎
孟子對以賢者而後樂此一言之間理欲判矣
贊　遊觀之樂當同乎民鴻雁麋鹿獨善其身沼
上之對賢者後樂一言之微人欲以遏

《圣庙祀典图考·孟子圣迹图》之『规君同乐』，清代顾沅编，孔继尧绘，清道光六年（一八二六）吴门赐砚堂顾氏刊本。

顾沅（1799—1851），清代学者、藏书家，字澧兰，号湘舟，又自号沧浪渔父，江苏长洲（今江苏苏州）人。《圣庙祀典图考》收录了孔子及由汉至清历代配祀孔庙者一百四十四人画像，包括孔子弟子及历代名儒，均附人物小传，书后附孔孟圣迹图一卷。此书广搜博采，访求汉唐以来诸先贤画像绘入，刻画严谨细腻。

孟子圣迹图绘制孟子一生的主要事迹。这一幅描绘的是著名的“沼上之对”，孟子劝梁惠王独乐不如与民同乐。水上鸿雁飞翔，池边麋鹿悠游，天高水远，的确令人心旷神怡。

司空见惯
“司空”原来是官名

“司空见惯”这个成语表示看惯了就不觉得奇怪了。“见惯”容易理解，就是看惯了，可是“司空”是什么意思呢？

唐人孟棨（qǐ）所著《本事诗·情感》篇中记载了刘禹锡的一则逸事：“刘尚书禹锡罢和州，为主客郎中、集贤学士。李司空罢镇在京，慕刘名，尝邀至第中，厚设饮馔。酒酣，命妙妓歌以送之。刘于席上赋诗曰：‘鬖髻梳头宫样妆，春风一曲杜韦娘。司空见惯浑闲事，断尽江南刺史肠。’李因以妓赠之。”

刘禹锡被罢和州刺史，回到长安担任主客郎中和集贤学士的官职。那位写“锄禾日当午，汗滴禾下土。谁知盘中餐，粒粒皆辛苦”的著名诗人李绅，久仰刘禹锡的大名，把刘禹锡邀请到府第中喝酒，山珍海味摆满了一桌子。酒过三巡，菜过五味，李绅命一个漂亮的歌妓即席演唱，刘禹锡对这位妙妓一见钟情，于是即席赋了这首诗。

“鬖（wǒ）髻（duǒ）”是一种发式，又叫“堕马髻”或“坠马髻”，将发髻偏于一侧，就像骑马时从一侧坠落的样子。杜韦娘是唐代著名歌女，后来教坊中就用此名作曲名，并不是这位妙妓的名字叫杜韦娘。前两句是形容这位妙妓。

李绅时任司空，司空是“三公”（司马、司徒、司空）之一，不过从隋朝开始已经是虚衔，“优崇之位”，相当于名誉称号。后两句的意思是说：李绅您这位司空早已见惯了这种繁花旖旎的歌舞场，可是这位妙妓却让我一见钟情；虽然我一见钟情，她却不是我的，而是司空您的，所以我这个前任和州刺史思之断肠啊。

李绅本来就对刘禹锡很崇拜，一听此诗，哈哈大笑，当场就把妙妓拱手相赠。刘禹锡凭借一首诗就得到了一位妙妓，真是“划算”。

“司空见惯”原指见惯了歌舞的场面，后人把它的内涵扩大，用于表示见惯了就不觉得奇怪了，都变成了寻常之事。

《梅之舞》，石川丰信绘。

石川丰信（石川豊信，1711—1785），日本江户时代早中期浮世绘师。他是红摺绘时期的代表绘师，此时期浮世绘风格整体偏纤细、抒情。他笔下的女子，有柔和的圆脸，身材丰满，画作具有红摺绘特有的温雅色调。这幅画也是如此，色调非常淡雅柔和，画面上的女子着高高的木屐，手持白色长布，正在跳“布晒舞”（一种从洗涤漂白晾晒布匹的动作发展而来的舞蹈）。她背后梅花盛开，时节应是早春。长长的布带随舞姿飘卷飞旋，颇有“一曲春风”之感。

石川豊信筆
板元

旧雨新知
为什么指新、老朋友？

有一个非常古雅的成语叫“旧雨新知”，“旧雨”指老朋友，“新知”指新朋友。“新知”容易理解，“旧雨”是什么意思呢？老朋友跟下雨有什么关系呢？

原来，这个典故出自杜甫。杜甫四十岁前后，过的是“朝扣富儿门，暮随肥马尘，残杯与冷炙，到处潜悲辛”的生活。先是到长安应试，落第，然后向贵人投赠，最后才得到一个看守兵器库的小官儿。

快到四十岁这一年，杜甫向唐玄宗献上了《三大礼赋》，得到唐玄宗的赏识，一些趋炎附势之辈认为杜甫前途不可限量，纷纷登门巴结，一时间门庭喧嚣。到了秋天，还是没有杜甫即将做官的消息，杜甫又得了疟疾，卧病在床，贫病交加。秋雨绵绵，过去那些巴结他的“老朋友”再也不登门了，以至于门可罗雀。这时，一位姓魏的进士冒雨前来探望病中的杜甫，并告诉杜甫自己即将出外做官，特意来辞行。

客人走了之后，杜甫思前想后，非常感动，于是写了一篇《秋述》，讽刺人情冷暖，世态炎凉，又悲叹自己怀才不遇。在这篇文章的开头，杜甫写道：“秋，杜子卧病长安旅次，多雨生鱼，青苔及榻。常时车马之客，旧雨来，今雨不来。”意思是说过去下雨的时候那些老朋友也来探望我，而今遇雨却都不来了。这是一句多么沉痛的话啊！

从此之后，“旧雨”就成为老朋友的代称，“今雨”或曰“新雨”成为新朋友的代称。比如南宋张炎的词作《长亭怨》：“故人何许？浑忘了江南旧雨。”这里的“旧雨”不能理解为江南过去所下的雨，而是指故人、过去的老朋友。又如范成大《丙午新正书怀十首其四》：“人情旧雨非今雨，老境增年是减年。”“旧雨”和“今雨”对举，正是指老友和新友。

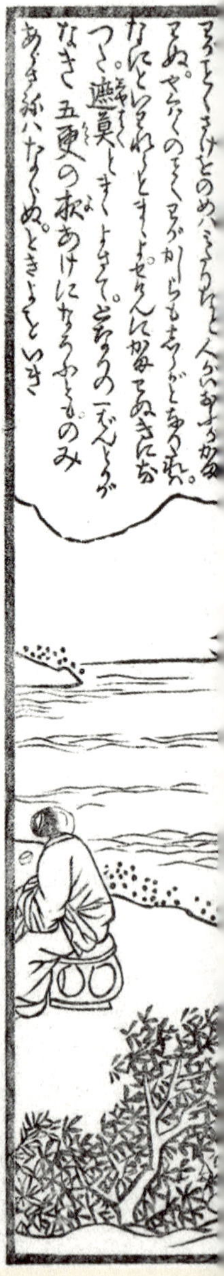

《唐诗选画本 七言绝句 五》之杜甫《书堂饮既，夜复邀李尚书下马，月下赋绝句》，铃木芙蓉绘，日本桥南（东都）嵩山房宽政二年（一七九〇）版，早稻田大学图书馆藏。

铃木芙蓉（鈴木芙蓉，1749—1816），名雍，字熙，号老莲。日本江户时代后期画家，工山水，能诗文。嵩山房是日本出版界专门出版汉籍的老字号，《唐诗选画本》于天明八年（1788）初次出版刊行，其后五十年内又经多次重版，影响广泛。

这两页画的是杜甫的一首七言绝句，诗曰："湖月林风相与清，残尊下马复同倾。久判野鹤如霜鬓，遮莫邻鸡下五更。"这首诗当作于大历三年（768）三月，时杜甫寓居江陵，应邀与他的旧交李之芳、郑审和新知胡侍御宴会于胡侍御书堂。诗写酒宴已罢，杜甫酒兴未尽，于是又邀李之芳下马同饮赋诗。杜甫笃于友情，此次旧雨新知汇聚一堂，其乐定非寻常，难怪他宴后依然不舍，将已经上马打算离开的老友又拉下来再饮。周珽评曰："风月既清，酒兴未阑，饮当垂白，达旦何妨。"难得良夜佳朋，彻夜欢饮又有何妨呢。

左支右绌
原来是射箭的方法

“左支右绌（chù）”这个成语今天的书面语中还经常使用，字面意思是应付了左面，右面又觉得不够，形容顾此失彼、穷于应付的窘况，尤其用于财力不足或理亏而穷于掩盖的场合。那么，到底什么是“支”，什么是“绌”呢？

“左支右绌”最早写作“支左屈右”，语出《战国策·西周策》“苏厉谓周君”一节。战国末年，周王室内乱，京畿之内以伊洛河交汇处为界，又分为西周、东周二侯国，本节的“周君”即指西周侯国之君，苏厉是著名说客苏秦和苏代的弟弟。当时秦将白起攻势极猛，先后败韩、魏，紧接着进攻魏国都城大梁（今河南省开封市西北），大梁是西周侯国王城洛阳的门户，大梁一破，洛阳指日可下，因此苏厉决心为西周之君游说白起。

苏厉游说白起的一段话极富智慧，他先以楚国神射手养由基作比：“楚有养由基者，善射，去柳叶者百步而射之，百发百中。左右皆曰善。有一人过曰：‘善射，可教射也矣。’养由基曰：‘人皆善，子乃曰可教射，子何不代我射之也？’客曰：‘我不能教子支左屈右。夫射柳叶者，百发百中，而不已善息，少焉气力倦，弓拨矢钩，一发不中，前功尽矣。’”

一位从养由基身边经过的人说：“既然如此善射，就可以训练他人的箭术了。”养由基很不满，于是傲慢地询问过客是否善射，结果过客回答说：“您射柳叶固然百发百中，但是却不趁着射得好的时候休息一下，等会儿气力衰竭，弓拉不正，箭身搭得弯曲的时候，一发不中则前功尽弃了。”

其中“支左屈右”一词，“支”即支撑，指左臂支撑拉弓，“屈”即屈曲，指右臂弯曲扣箭控弦。西汉学者刘向在《列女传·晋弓工妻》一篇中记载：“左手如拒石，右手如附枝，右手发之，左手不知，此盖射之道也。”左手撑持如同推拒大石头，右手轻捷如同拉满小树枝。《越绝书》中亦有“左手如附太山，右手如抱婴儿”的记载，同样是“支左屈右”的形象写照。

《史记·周本纪》引述这则故事时，将“支左屈右”写作“支左诎右”，“诎”和“绌”是通假字，都是弯曲之意。再后来位置调换，于是就变成了今天使用的“左支右绌”这个成语，但是射箭之法的本义却早已失去了。

苏厉对白起的游说还没有结束：“公之功甚多。今公又以秦兵出塞，过两周，践韩而以攻梁，一攻而不得，前功尽灭，公不若称病不出也。”白起您的功劳已经很多很大了，但是这次您率军出塞，中途需要经过两周和韩国，然后才能攻梁，就好比养由基一样，万一一攻而不得，岂非前功尽弃？所以您最好称病不出。

虽然苏厉没有两位哥哥的名气大，但从游说白起的这段话中也可看出他的智慧和功底。

《引弓女神》(『弓を引く女神』)，二世葛饰戴斗绘，约一八三二年。

二世葛饰戴斗为日本江户时代后期浮世绘师，活跃于1810—1853年，是葛饰北斋的弟子，画风也近似北斋，继承了北斋的画号“戴斗”。这幅画的是一个英气勃勃的女神，发髻、衣饰显得华美、不羁。她赤足，屈身，在大殿一角，正张弓搭箭。弓已满，箭在弦，她微眯的双眼已锁定目标，似乎下一秒就会射出定胜负决性命的一箭。

画中女神的身份不详，她引弓的姿势完美诠释了何谓“左支右绌”，的确是“左手如拒石，右手如附枝”，显然是一个技艺娴熟的神射手。看她的姿势，想必没人会觉得这一箭会失手。

小松園
春人

偷香窃玉
为什么比喻男女私通？

“偷香窃玉”是一个习用语和成语，常常用以讽刺那些男女私通的行径。但“偷香”“窃玉”本来是两个典故，而且出典都极美。元明时期通俗文学发达，文人们遂将这两个极美的典故捏合在一起，变成了一个含义极为粗俗的词。

“偷香”典出韩寿偷香。据《晋书·贾充传》载，西晋开国元勋贾充的下属韩寿“美姿貌，善容止”，贾充的小女儿贾午看上了他，于是通过侍婢暗通款曲，“呼寿夕入，寿劲捷过人，逾垣而至，家中莫知”。贾家有皇帝御赐的西域奇香，“其女密盗以遗寿，充僚属与寿燕处，闻其芬馥，称之于充”。贾充这才知道了女儿的私情，“充乃考问女之左右，具以状对。充秘之，遂以女妻寿”。“其女密盗以遗寿”，其实是贾午偷香私赠韩寿。

《世说新语·惑溺》篇中的记载则是：“后会诸吏，闻寿有奇香之气，是外国所贡，一着人则历月不歇。”奇香至此，怎能不被人发觉呢！贾午偷香，乃是爱悦韩寿，虽然有韩寿逾墙的情节，为礼法所不容，但如此纯真的爱情，最后仍然被贾充成全。

“窃玉”则典出杨贵妃事。据北宋乐史所著传奇《杨太真外传》载：“上旧置五王帐，长枕大被，与兄弟共处其间。妃子无何窃宁王紫玉笛吹，因此又忤旨，放出。”杨贵妃“窃宁王紫玉笛吹”，本来知之者甚少，但张祜“梨花静院无人处，闲把宁王玉笛吹”的诗句将此事昭彰于天下，因此触怒了玄宗，将杨贵妃遣出宫去。

《风月秋声 西厢记图册》，清末费丹旭绘，绢本设色，法国国家图书馆藏。

费丹旭（1802—1850），字子苕，号晓楼，乌程（今浙江湖州）人。以画仕女闻名，与改琦并称“改费”。秦祖永《桐阴论画》曰：“补景仕女，香艳中更饶妍雅之致，一树一石，虽未能深入古法，而一种潇洒之致颇极自然。”

《风月秋声》全册共十二幅，取材于广为流传的元杂剧《西厢记》故事。这幅描绘的是张生月下逾墙赴约，与崔莺莺西厢幽会情景。崔莺莺倚太湖石而待，纤弱娇羞。画面设色轻淡，人物秀雅，颇饶韵致。

王季思先生则独持异议，在为《西厢记》所作的注中，他说："窃玉，旧注多举《杨妃外传》杨妃窃宁王玉笛事为说，非也。按《雍熙乐府》卷八《南吕一枝花·弟子收心》套曲有'郑生玉窃，韩生香拈'语。又卷十《南吕一枝花·孤闷》套曲有'羽房中勉强韩生，兰房里生疏郑五（玉）'语。又同卷《南吕一枝花·酒》套曲有'我有那郑生窃玉权术，韩生偷香见识'语，《太平乐府》周仲彬《蝶恋花》套曲'朱门深闷贾充香，兰房强揣郑生玉'，皆可证其事属于郑生，而《太平乐府》孙季昌《端正好·集杂剧名咏情》有'揣着窃玉心，偷香性'语，更可知其为当时杂剧之一种，惜其事本末一时未能考明也。"

王季思先生所举例都是元明之事，虽说"皆可证其事属于郑生"，但又"惜其事本末一时未能考明也"，还是以乐史所著为是。但奇怪的是，杨贵妃"窃宁王紫玉笛吹"又如何跟男女私情扯上了关系呢？杨贵妃的一时兴之所至，想来在注重男女之大防的古代中国，倒惹上了嫌疑，张祜的诗又刻意隐去了"窃"的情节，因此才会让小心眼的唐玄宗吃醋。

不管怎样，基于爱情的"偷香"和一时顽皮的"窃玉"之举，就这样被无良文人们强行捏合在一起，从此成为男女私通的隐语，本来的美感则荡然无存。

望洋兴叹
“望洋”竟然是一种眼病

当无力完成一件事情或者追赶不上的时候，人们往往都会感叹上一句“望洋兴叹”。这个成语的字面意义是如此显豁，以至于人们一看到它，理所当然地就会认为是远远地望着海洋而叹息的意思，殊不知大错而特错。看完本文，了解了“望洋兴叹”的本来含义，相信你定会深感震惊。

众所周知，“望洋兴叹”这个成语出自《庄子·秋水》篇：“秋水时至，百川灌河，泾流之大，两涘渚崖之间不辨牛马。于是焉河伯欣然自喜，以天下之美为尽在己。顺流而东行，至于北海，东面而视，不见水端，于是焉河伯始旋其面目，望洋向若而叹曰：‘野语有之曰，闻道百，以为莫己若者，我之谓也。’”

“洋”是水大之貌，当作海洋讲是宋元之后的事了。但是如果认为此处的“洋”是形容北海水大之貌，也说不通，因为河伯“望洋向若而叹”，既“望洋”（望着北海）又“向若”（向着北海），属于毫无意义的词义重复，庄子断不会犯这种低级错误。那么“望洋”到底是什么意思呢？

一般认为“望洋”是一个联绵词，又写作“望羊”“望阳”“望佯”。《释名·释姿容》中解释说：“望佯，佯，阳也，言阳气在上，举头高，似若望之然也。”王肃注《孔子家语》：“望羊，远视也。”按照这种解释，“望洋”及其音同的词，意思就是远视的样子。河伯转过脸来，远视着北海之神而叹息，是为“望洋向若而叹”；但是既然已经“旋其面目”，面对面对着北海之神，又如何称得上远视呢？

我们再来看看其他例子中的“望洋”等词。据《晏子春秋》载，晏子上朝的时候，发现“杜扃（jiōng）望羊待于朝”，晏子问他为什么不上朝，杜扃说齐景公夜里听新歌而变齐音，早上又起不来，因此自己才作“望羊”之态。《论衡》《白虎通义》等书均形容周武王“望阳”或“望羊”，都是形容人的眼部特征。

其实，“望洋”等词的本义是眼部疾病，这种眼部疾病有一个专用字叫“瞯（xián）”。《说文解字》：“瞯，戴目也。”南唐学者徐锴进一步解释说：“戴目，目望阳也。”清代学者段玉裁更进一步解释说：“戴目者，上视如戴然，《素问》所谓‘戴眼’也，诸书所谓‘望羊’也，目上视则多白。”这种眼部疾病的特征是“目上视则多白”，眼瞳不转动，向上仰视，因而眼白显得多。古人认为羊乃“畜之远视者也”，因此“望羊”就是“望羊视也”，以羊为喻来指称这种眼部疾病，“阳”“洋”“佯”则都属于同音字假借使用。

如此一来，“望洋”等词的意思就很明白了。颜师古解释说：“戴目者，言常远视，有异志也。”这是由“目上视则多白”的眼部疾病引申而来的意思。杜扃之所以“望羊待于朝”，是因为不满于齐景公的所作所为，而故意做出这种奇怪的样子，以示抗议。至于周武王“望羊”，只不过是对圣人奇异相貌的附会而已。

再回到《庄子·秋水》篇，语言学家黄金贵先生断句为：“于是焉，河伯始旋其面，目望洋，向若而叹。”并译为白话文：“这个时候，河伯开始回转他的面孔，眼睛定定地上视的样子，朝着海神慨叹……”

这就是“望洋而叹”或“望洋兴叹”的本义。你不觉得震惊吗？

《人物故事图册》之『南华秋水』，明代仇英绘，绢本设色，北京故宫博物院藏。

“南华秋水”取材于《庄子·秋水》，河神与海神借水来论述宇宙、世事间的相对关系。画作采用拟人化手法，凝望流水的男子代表“南华”（后人称庄子为南华真人，亦即代表庄子），侍立女子为“秋水”化身，高山、丛林、河石、树、人之间的大小对比，则象征天地万物间的相对关系。在深色背景中，人物衣着浅淡，映衬鲜明，一个潇洒，一个秀美。

血气方刚
不能用来形容青年人

各种辞典都把“血气方刚”解释为形容青年人精力正旺盛，这种解释是完全错误的，原因在于对“方”这个字的释义错误。

“血气方刚”这个成语出自孔子之口。在《论语·季氏》章中，孔子说过这么一段话：“君子有三戒：少之时，血气未定，戒之在色；及其壮也，血气方刚，戒之在斗；及其老也，血气既衰，戒之在得。”孔子说得明明白白：“及其壮也，血气方刚”，分明指的是中年人；“血气未定”才是对青年人的形容；至于老年人“戒之在得”，戒的是贪得无厌。

那么，为什么会产生这种误解呢？“血气方刚”的“方”字又作何解释呢？

《说文解字》：“方，并船也。”按照许慎的解释，“方”的本义是两船相并，引申为并列。《尔雅·释水》中有“大夫方舟”的规定，两舟相并曰方舟，这是大夫乘舟之礼。在古人的心目中，“血”和“气”是两种不同的东西，朱熹解释说：“血气，形之所待以生者，血阴而气阳也。”因此，“血气方刚”的“方”是并列之意，“血气方刚”即血、气并刚，都很强盛。少年人的体质当然不可能到这样的地步，所谓“血气未定”，所以“血气方刚”指的只能是中年人。

随着字义的演变，“方”的本义渐渐变得很少使用，作为副词的才、正等义项反而使用得更多，这就是造成人们误解的原因所在。但是，按照古人的研究，即使血气正刚，也不能用来形容青年人，因为青年人血气未定，如何谈得上“正刚”呢？所以邢昺才会解释说：“‘少之时，血气未定，戒之在色’者，少，谓人年二十九以下，血气犹弱，筋骨未定，贪色则自损，故戒之；‘及其壮也，血气方刚，戒之在斗’者，壮，谓气力方当刚强，喜于争斗，故戒之；‘及其老也，血气既衰，戒之在得’者，老，谓五十以上，得，谓贪得，血气既衰，多好聚敛，故戒之。”

迷漫殺氣虎牢關上斗牛寒

《新刊校正古本大字音释三国志通俗演义》卷一插图『虎牢关三战吕布』，明万历十九年（一五九一）书林周日校刊本。

东汉末年，袁绍会合十八路诸侯，以曹操为参谋，以孙坚为盟军，与吕布相持，战于虎牢关下，为吕布所败。曹操催粮路过平原县，拜访刘、关、张三兄弟，劝其前往虎牢关破吕。三英轮战吕布，吕布大败而逃。

“三英战吕布”在小说中乃风云际会的华彩乐章。图中将三英画得较为年长，而吕布则翩翩年少。细究起来，虎牢关之战是一场虚构战役，按相关历史应发生于公元190年，其时刘备二十九岁，关羽、张飞、吕布稍稍比刘备年轻些，大家年龄相近，都是大好青年，当“血气未定”之时。

拾人牙慧
拾的“牙慧”到底是什么东西？

“拾人牙慧”这个成语的意思是：拾取别人的一言半语当作自己的话来说，形容那些没有自己独立见解，只知道人云亦云，发表些老套观点的人；也用来比喻窃取别人的语言和文字。

“牙慧”一词属于最典型的俗语误用，很多辞典都把“牙慧”解释成牙齿里面的残渣，“拾人牙慧”即拾取别人牙齿后面的残渣，这真是天大的笑话！“慧”这个字从来没有饭菜残渣的义项。

“牙慧”一词出自《世说新语·文学》：“殷中军云：‘康伯未得我牙后慧。’”这句话因为没有上下文而被很多人误解，通常的解释是：“康伯连我牙齿缝里咀嚼后的残渣都没有拾到。”

唉！望文生义真是害死人！这明明是一句表扬的话，却被误解为批评的话了。

殷中军即殷浩，曾经担任过中军将军的官职，故称殷中军，东晋玄学家，“咄咄怪事”这个成语就出自他；康伯即韩伯，字康伯，也是玄学家。殷浩是韩伯的舅舅。

韩伯小时候就很聪明，《晋书·韩伯传》中，舅舅殷浩称赞他“能自标置，居然是出群之器”。对外甥既然有这么高的评价，殷浩怎么可能批评他拾自己的牙慧呢！

原来，“牙后慧”的“慧”不是指残渣，而是指智慧、见解；“牙后慧”就是表达出来的观点。“康伯未得我牙后慧”这句话的正确解释应该是：“康伯没有亦步亦趋地模仿我的见解来发言，他有自己独立的见解。”因此这是一句表扬的话。后人把这句话的意思加以变通，便形成了“拾人牙慧”这个成语，当作贬义词来使用了，比如清代文学家袁枚在《寄奇方伯书》中议论道：“著书立说，最怕雷同，拾人牙慧；赋诗作文，都是自写胸襟。”

钱榖（1508—1579），字叔宝，自号罄室，吴县（今江苏苏州）人，明代画家。《兰亭修禊图》取材于东晋王羲之《兰亭序》，描绘东晋永和九年（353），王羲之、谢安等四十余人在浙江山阴的兰亭溪上修禊（xì），作曲水流觞之会的故事。农历三月初三到水边洗濯，以清除不祥，称作“修禊”。兰亭修禊的召集人，是东晋名士、大书法家王羲之。永和九年春兰亭雅集之时，正是王羲之的好友殷浩两次北伐的间隙。永和八年春，殷浩奉命北伐，出兵攻打许昌、洛阳，结果大败。参加这次雅集的人中，有殷浩僚佐王

《兰亭修禊图》，明代钱穀绘，纸本设色，美国大都会艺术博物馆藏。

彬之。王羲之曾多次去信劝阻殷浩再次北伐，却未能奏效。永和九年十月，殷浩再次北伐，以惨败告终，后被废为平民。王羲之《兰亭序》以兴致盎然开头，却以“悲夫”结尾，不知是否隐含对殷浩的忧虑。

食言而肥
“食言”怎么会变肥呢？

“食言而肥”这个成语的意思是说话不算数，不守信用，只图自己便宜。但是何为“食言”，恐怕很多人都不知其详。

“食言”的“食”，《尔雅·释诂》释义为：“伪也。”《尚书·汤誓》篇中有“朕不食言”之语，即我不说伪言、不说假话的意思。这个解释固然有道理，但是却无法解释“食言而肥”，既是伪言，怎么会让人发胖呢？

原来，“食”还有一个意思：吃下去的食物，吐出来再咽下去。邢昺在为《尔雅》所作的注中如此解释“食言”为什么是“伪言”：“言而不行，如食之消尽后终不行，前言则伪，故通谓伪言为食言。”古人的注释都很简洁，翻译成现在的话就要绕很多弯子：言而不行，说过的话、做过的承诺却不去实行，就像吃下去的食物消化完了什么都没有了一样。说出口的话是从无到有，消化完了的食物是从有到无；话既出口，本来已经存在了，却又把它吞了下去，最终变得什么都没有了，不就像消化完了的食物一样吗？因此这说出口的话就是伪言，就是食言。

“食言而肥”这个成语出自《左传·哀公二十五年》。鲁哀公出访越国归来，留守的大臣季康子和孟武伯到鲁国边境去迎接。鲁哀公的马车夫叫郭重，悄悄对鲁哀公说：“这二位经常针对您说一些无礼、中伤的言语，请您严加追究。”

鲁哀公设宴庆祝出访成功，孟武伯上前敬酒，因为听说了郭重说的坏话，就开玩笑似的对郭重说：“郭兄，你替国君赶车，是个辛勤的马车夫，可是为什么还这么胖啊？”

季康子一听此话不善，赶紧上前打圆场：“武伯，我要罚你的酒！因为我们鲁国紧挨着敌国齐国，所以你和我要留在国内防备齐国乘虚而入，不能跟随国君出访越国，得以免去劳累奔波之苦，才会养得白白胖胖的，怎么能说郭兄胖呢！”

孟武伯此人有个特点，老是说话不算数，鲁哀公对这一点早就不满了，听他讽刺郭重，心里很不舒服，就对孟武伯说：“是食言多矣，能无肥乎？”意思是郭重食言太多，就像食物已经吃下去了，吐出来，再咽下去，怎么能够不变得肥胖呢？此话明说郭重，暗讽孟武伯，可谓刻薄，结果这顿酒宴不欢而散，孟武伯也和鲁哀公结下了仇怨。

賜藥圖
魯哀公十六年壬戌夏哀公賜孔子藥

《孔子圣迹图》之『赐药图』，明代仇英绘，文徵明书，孔府文物档案馆藏。

这套彩绘本《孔子圣迹图》出品于明代万历二十年（1592），是中国最早成形的连环画作品，再现了孔子一生的行迹与相关的历史事件。仇英、文徵明乃明四家之二，这套作品可谓双璧合一。比起其他各种版本的圣迹图，这套彩绘版内容取材更为得当，采用工笔重彩，构图考究，主题突出，疏密有致，人物精细传神。

“赐药图”是其他版本的《孔子圣迹图》没有的，描绘鲁哀公十六年（479）夏，哀公赐孔子药之事。其时距离孔子去世已经很近了。图中墙垣之内的孔子显得病弱颓唐，墙外鲁哀公正吩咐什么。孔子周游列国，颠沛流离凡十四年，直到年近七十，被季康子派人迎回鲁国尊为国老。鲁哀公曾多次问政于孔子。孔子去世，鲁哀公亲诔（lěi）孔子曰：“旻天不吊，不慭遗一老。俾屏余一人以在位，茕茕余在疚。呜呼哀哉！尼父！无自律。”“慭（yìn）”是愿肯之意。鲁哀公这段话是说：上天不肯留下这位国老辅佐我，让我孤零零地在世间忧愁，从此失去了自律的榜样。子贡愤然曰：“生不能用，死而诔之，非礼也。”鲁哀公虽然表现得对孔子很尊重，但孔子在世时却不曾任用他，死后才哀悼，所谓尊重也不过是做做样子吧。

难兄难弟
本来不是形容共患难

在今天的语境中，“难兄难弟”的“难”读作 nàn，意思是落难，相应地，同时落难的人称作“难兄难弟”。殊不知在古代，“难兄难弟”却是一个形容兄弟才学、品德俱佳的褒义词，而且读音也不一样，“难”读作 nán，意思就是它的本义，很难、难以的意思。

“难兄难弟”一词出自《世说新语·德行》：“陈元方子长文有英才，与季方子孝先，各论其父功德，争之不能决，咨于太丘。太丘曰：‘元方难为兄，季方难为弟。’”

东汉灵帝时，曾担任过太丘长的陈寔（shí）有六个儿子，个个都很贤德，也都很有名望，特别以长子陈纪（字元方）和四子陈谌（字季方）最为杰出，哥俩和老爹被当时人合称为“三君”，赞誉有加。

有一次，陈纪的儿子陈长文和陈谌的儿子陈孝先之间发生了一场争论，两人都夸自己父亲的功德更高，品行更完美，争论不休，谁也说服不了谁，于是二人携手去找爷爷，请爷爷一决高下。

陈寔听了二人争论的理由，不由得笑了起来，裁决道：“元方难为兄，季方难为弟。”意思是说两人的功德都一样高，品行都一样完美，无法像兄和弟的排行一样分出高下。

汉语词汇的变迁真是太有意思了，到了今天，“难兄难弟”不仅读音变了，而且连意思也完全改变了！

还有一个成语“梁上君子”也出自陈寔之口。《后汉书·陈寔传》载：

神荼郁垒门神，天津杨柳青木版年画，清代。

门神，是中国民间信仰中守卫门户的神灵，人们将其神像贴于门上，用以驱邪避鬼、卫家宅、保平安、助功利、降吉祥等。门神是木版年画的主要题材之一。民间传说最广的左右门神是秦琼与敬德（尉迟恭），而早期的两尊门神分别是神荼和郁垒。据说神荼、郁垒是由玉皇大帝指派的守门侍者，他们将骚扰百姓的魑魅魍魉收服后，丢到深山中让猛兽啃食，后来鬼怪看到他们便望风而逃。此外，门神人选还包括萧何与曹参、关羽与张飞等“难兄难弟”。

杨柳青年画发源于明代，是著名的中国民间木版年画之一，与苏州桃花坞年画并称“南桃北柳”。杨柳青年画在套版印刷之后，常有一道人工“开脸”工序，对年画中人的面部及其他细节，匠人手工敷彩描绘，这套清代门神年画便是如此。

“时岁荒民俭，有盗夜入其室，止于梁上。寔阴见，乃起自整拂，呼命子孙，正色训之曰：‘夫人不可不自勉。不善之人未必本恶，习以性成，遂至于此。梁上君子者是矣！’盗大惊，自投于地，稽颡归罪。寔徐譬之曰：‘视君状貌，不似恶人，宜深克己反善。然此当由贫困。’令遗绢二匹。”“稽颡（qǐ sǎng）”是跪拜之礼，屈膝下拜，以额触地，表示极度的虔诚。从此之后，“梁上君子”就成为窃贼的雅称。

纵横捭阖
“纵横”是指竖、横吗？

“纵横捭阖”这个成语今天是指用言语或其他手段去打动、分化、拉拢对方，是政治或外交场合的常用语。那么，何为“纵横”？何为“捭阖”？“纵横”就是竖、横的意思吗？

先说“捭阖”。“捭（bǎi）”的本义是两手横击，引申为分开；“阖（hé）”指关闭。春秋时期卫国人王诩隐居云梦山的鬼谷洞，世号“鬼谷先生”。他所著的《鬼谷子》开篇第一章就名为“捭阖”，其中写道：“捭之者，开也，言也，阳也；阖之者，闭也，默也，阴也。”“捭阖者，以变动阴阳，四时开闭，以化万物。”“可以说人，可以说家，可以说国，可以说天下。”所谓“捭阖”，即指用语言去分化、拉拢对方，是一种游说之术。

再说“纵横”。“纵横”乃是合纵、连横的缩略语。战国时期一批谋士用合纵、连横的主张游说各国君主，《汉书·艺文志》称之为“纵横家”，鬼谷子即是纵横家的鼻祖，苏秦和张仪是他的两位得意弟子。

什么叫合纵、连横？东汉学者高诱在为《淮南子》所作的注中解释说：“苏秦约纵，张仪连横。南与北合为纵，西与东合为横，故曰纵成则楚王，横成则秦帝也。”齐、楚、燕、韩、赵、魏六国地处南北，南北为“纵”，苏秦游说六国诸侯联手抗秦，故称“合纵”；秦国地处西方，东西为“横”，张仪游说六国共同拥戴秦国，故称“连横”。

如此一来，“纵横捭阖”的意思就很清楚了：采用合纵、连横的手段，对六国诸侯或拉拢（如苏秦所为），或分化（如张仪所为），目标都对准强大的秦国。“纵横”和“捭阖”本来是战国时期的特定用语，后人将它们组合在一起，用于政治、外交领域，虽然远离了六国和秦国关系的原意，但国家与国家之间、政治对手之间博弈的本质并没有改变。

《新镌陈眉公先生批评春秋列国志传》插图，明代余邵鱼编，陈眉公评，明万历四十三年（一六一五）姑苏龚绍山刊本。

余邵鱼，福建建宁府建阳县人，约生活于明朝嘉靖、隆庆年间，是余象斗的族叔，善为通俗小说。一说此小说为余象斗所编。《春秋列国志传》是一部洋溢着浓郁民间趣味的小说。这两幅图分别是书中第九十九回“商鞅四马分尸死　苏秦六国说合纵”和第一〇〇回“六龙会苏秦挂印　张仪计秦说六国”的插图，描绘苏秦和张仪二人游说六国的故事。有趣的是，两幅图场景几无二致，不过是苏秦、张仪一坐一立，一沉稳一激昂，显示出不同的游说风格。

臭味相投
本来是形容同类相聚的褒义词

“臭味相投”这个成语在今天是一个不折不扣的贬义词，只有坏人才“臭味相投”地聚在一起。但这个成语古时候却是一个地地道道的褒义词。

“臭味相投”古今词义相反的根源在于“臭”字的演变。“臭”读作xiù，《说文解字》：“禽走，臭而知其迹者犬也。”意思是禽兽脱逃，狗能够嗅着气味发现它们的踪迹。宋代字书《广韵》则解释说：“臭，凡气之总名。”所有的气味都可以叫“臭”。比如《易经·系辞上》有言：“二人同心，其利断金；同心之言，其臭如兰。”同心同德之言，它的气味就像兰花那样馥郁芳香。

《左传·襄公八年》载，晋国国卿范宣子访问鲁国，即席朗诵了《诗经·国风》中的《摽有梅》一诗。“摽（biào）”，坠落，“摽有梅”即梅子纷纷坠落。这首诗吟咏一位女子于暮春时分看到梅子落地，深感青春将逝，希望及时婚嫁。范宣子吟诵这首诗，意思是寄望于鲁国及时出兵，一同伐郑。鲁国国卿季武子回应道：“谁敢哉？今譬于草木，寡君在君，君之臭味也。欢以承命，何时之有？”意思是说：谁敢不及时出兵？拿草木作比的话，你们晋国国君是花和果实，我们鲁国国君只是花和果实散发出来的气味而已。欣喜以承担命令，哪里敢不及时呢？

“臭味”，杜预注解说：“言同类。”既言同类，季武子当然不会把两国国君比作坏人，因此这里的同类之称乃是褒义词。东汉学者蔡邕在《玄文先生李休碑》中，描述品行高洁的李休死后，“凡其亲昭朋徒，臭味相与，大会而葬之，鼎俎之礼，节文曲备”。“亲昭”，亲属；“鼎俎”，祭祀时盛载动物牲体的礼器；“节文”，礼节，仪式。“臭味相与”就是指与李休思想、情趣相同的亲属和朋辈聚在一起，为他举行隆重的葬礼。这个词哪里有丝毫的贬义，恰恰相反，是对李休及其亲属、朋辈的称颂之词。

明代文学家冯梦龙所著《醒世恒言》第二十六卷“薛录事鱼服证仙”，描写青城县县尉薛伟与两位同僚相处甚欢，“这三位官人，为官也都清正，因此臭味相投。每遇公事之暇，或谈诗，或弈棋，或在花前竹下，开樽小饮，彼来此往，十分款洽”。“臭味相投”，正是赞扬三位清正官员的褒词。

后世读“臭”为 chòu，将“臭”的含义缩小为香臭之臭，“臭味相投”遂一变而为专指恶臭的气味，也就顺理成章地从褒义词变成了贬义词，可惜了一个好词。

歌麿写画

《桃园义契之图》，喜多川歌麿绘，一七九四—一七九五年。

喜多川歌麿著名的“大首绘”不仅用于美人画，也用来描绘英雄。桃园三结义是《三国演义》中著名情节，很多浮世绘师都曾取材入画。歌麿的这幅《桃园义契之图》将镜头拉近，着重于刘关张三兄弟的面部特写，线条刚劲，须眉分明。三兄弟表情各异，而注意力凝聚一处，显得神完气足。

“义结金兰”一词，语出《易经·系辞上》：“二人同心，其利断金；同心之言，其臭如兰。”旧时结拜兄弟时，需各序谱系，彼此交换谱帖为证，此谱即称为“金兰谱”。刘关张大概是最著名的结义兄弟了，三人情投意合，选定张飞庄后桃园，正值桃花盛开，三人举酒结义，对天盟誓，愿同心协力，救困扶危，上报国家，下安黎庶。直到中华民国时期，一些会党的入会仪式上，仍不忘插上桃枝，以象征对桃园结义的效仿。

弹冠相庆
本来是形容好人之间的庆贺

“弹冠相庆”的意思是掸掉帽子上的灰尘，准备出山做官。为什么准备出山做官呢？因为同伙升了官，自己一定会得到同伙的提携，所以一听说同伙升了官，立刻就把荒废多时的官帽找出来，掸掉上面的灰尘，踌躇满志地等待同伙的召唤。这个成语今天多用作贬义。

据《汉书·王吉传》载：“吉与贡禹为友，世称‘王阳在位，贡公弹冠’，言其取舍同也。”王吉字子阳，故称“王阳”。王吉和贡禹是好朋友，因此人们才说“王阳在位，贡公弹冠”，王吉当了大官，贡禹和王吉的价值取向完全相同，因此王吉一定会提携贡禹，共同实现他们的政治理想。

王吉和贡禹都是清廉的官员，又都敢说话，常常上书指斥朝廷的错误做法，因此，“王阳在位，贡公弹冠”的情形没有任何贬义成分在内，反而是对两人美好品行和动人友谊的由衷赞美。

明末清初著名学者黄宗羲《与陈介眉庶常书》对这一成语的引用最好地说明了这一点：“人之相知，贵相知心。王阳在位，贡禹弹冠。”黄宗羲赞美王吉当大官的时候，贡禹弹冠的动作恰恰是二人相互知心的写照。

“弹冠相庆”用作贬义是从北宋学者苏洵开始的。苏洵在《管仲论》一文中如是说：“一日无仲，则三子者可以弹冠而相庆矣。”

“三子”指齐桓公宠幸的竖刁、易牙、开方三个坏蛋。管仲还活着的时候，非常厌恶三子的献媚行为，齐桓公也就不敢升三子的官，等到管仲一死，齐桓公就开始肆无忌惮地宠幸三子，朝政大权尽数交予三子，导致齐国大乱。因此苏洵说，管仲刚死，三子就开始弹冠相庆了。这是“弹冠相庆”第一次应用到坏人身上，流传到今天，“弹冠相庆”变成了贬义词，形容坏人之间“一人得道，鸡犬升天”的丑态。

《重屏会棋图》，五代周文矩绘，绢本设色，北京故宫博物院藏。

周文矩，生卒年不详，活动于十世纪，南唐画院翰林待诏，以擅绘人物、车马、界画楼台以及宫廷贵族生活题材画而知名。

《重屏会棋图》因背景的屏风中亦画有屏风而得名。图中四位身份高贵的男子正围桌下棋。他们神态各异，举止不同，或催促落子，或举棋不定，或观棋不语。画中没有标注人物身份，后人研究认为图中描绘的是南唐中主李璟兄弟四人，屏风所画为白居易《偶眠》诗意。室内陈设精美而写实，人物衣着设色简淡，而冠帽俨然。其中戴高帽者为李璟。此图受到历代画家广泛的传移摹写，北京故宫博物院所藏的这幅即使不是原作，也应是接近于原作的宋人摹本精品。

掩耳盗铃
盗的不是铃，而是一口大钟

捂住耳朵去偷铃，只能欺骗自己，却欺骗不了别人，是为“掩耳盗铃”。但仔细追究“掩耳盗铃”这个成语，会发现一个完全不可理解的问题：铃之所以会响，是因为铃铛中空，里面置有铜珠的缘故，只需将铜珠固定住，不与铃壁撞击就不会发出声音，而铃铛很小，想做到这一点非常容易，可是盗贼为什么偏偏要“掩耳”偷窃呢？

原来，这个成语的原型并不是“盗铃”，盗的乃是一口大钟，出自《吕氏春秋·自知》篇：“范氏之亡也，百姓有得钟者，欲负而走，则钟大不可负，以椎毁之，钟况然有音。恐人闻之而夺己也，遽掩其耳。恶人闻之，可也；恶己自闻之，悖矣。”

范氏是晋国大夫，在晋国内乱中被灭。在这个故事中，得钟的百姓因为钟太大，于是想毁掉后再背走，可想而知毁钟的声音巨大。如果说这个人不知道毁钟会发出巨响，于情于理不合，《吕氏春秋》讲的这个故事其实是想隐喻一个道理，即高诱所解释的：“为人主而恶闻其过，非犹此也？”是用于劝谏国君，不要捂住耳朵，怕听到别人说自己的过错。

而且这个故事也没有“盗钟”的说法，只说从范氏那里“得钟”，这个人捂住耳朵只是“恐人闻之而夺己”，怕别人抢夺。到了《淮南子·说山训》篇中，方才出现“窃”字：“范氏之败，有窃其钟，负而走者，鎗然有声，惧人闻之，遽掩其耳。憎人闻之可也，自掩其耳，悖矣。”

清代学者郑志鸿在《常语寻源》一书中合理地解释说：“铃小器，钟大

《李卓吾先生批评西游记》插图，明代李贽评，明代刻本。

李贽，字宏甫，号卓吾，又号温陵居士，明代思想家、史学家和文学家，著有《焚书》《续焚书》《藏书》等。此书应是托名李贽的《西游记》批评本，实际评者可能是明代小说、戏曲评点家叶昼。书前附版画两百幅（每回两幅），为徽派著名刻工刘君裕、郭卓然所雕刻。

《西游记》第七十回“妖魔宝放烟沙火，悟空计盗紫金铃”，讲的是朱紫国降妖的故事。朱紫国王后金圣娘娘被麒麟山赛太岁掳去，孙悟空施计盗取了赛太岁的法宝紫金铃，降服妖怪，救回了金圣娘娘。紫金铃有三只铃铛，第一只可放烈火，第二只可放浓烟，第三只可喷毒沙，平时要用棉花塞住。悟空第一次盗铃就是忍不住拔出一团棉花，结果露了形迹。这个设定也是很有意思的。

器，大则有声，故情急掩耳。讹钟为铃，自隋已然，由来久矣。”由此可知，“掩耳盗铃”的原型是“掩耳盗钟”，自隋代开始讹变为“掩耳盗铃”，却不知盗铃易而盗钟难，于是这个成语也就变得不可索解了。

模棱两可
原来是讽刺唐朝宰相苏味道

“模棱”是含糊、不明确的意思；“两可”指可以这样，也可以那样。“模棱两可”的意思就是指遇事不置可否，态度含糊，不表示明确的态度，也没有明确的主张。

这个成语出自武则天时期的宰相苏味道其人其事。苏味道也是一位著名诗人，“火树银花”这个成语就出自他的《正月十五夜》一诗：“火树银花合，星桥铁锁开。”他曾先后三度做宰相，达九年之久。《旧唐书》如此描述他为相时的情形：“前后居相位数载，竟不能有所发明，但脂韦其间，苟度取容而已。尝谓人曰：‘处事不欲决断明白，若有错误，必贻咎谴，但模棱以持两端可矣。’时人由是号为‘苏模棱’。”“脂韦”指油脂和软皮，比喻圆滑，以此来形容“苏模棱”倒是极其贴切。

《新唐书》则评价他：“未尝有所发明，脂韦自营而已。常谓人曰：‘决事不欲明白，误则有悔，摸棱持两端可也。’故世号‘摸棱手’。”

不过，宋人高承所著《事物纪原》中提供了另外一种解释：“或曰：味道为相，人所咨决，无所可否，依违嗤胡，以手摸所坐床，故曰‘摸棱’。”“棱”是有四角之木，因此把苏味道所摸的床称作“棱”。这个解释跟《新唐书》的评价“摸棱手”相符，而且真是十分形象！

明代剧作家吾邱瑞所著《运甓（pì）记》传奇中有“若首鼠模棱，负恩不报，汗颜人世者，非夫矣”之句，将“首鼠”和“模棱”并举。“首鼠两端”是“模棱两可”的同义词，出自《史记·魏其武安侯列传》。

魏其侯窦婴和当朝丞相武安侯田蚡（fén）是死对头，两人闹矛盾闹到了汉武帝面前，汉武帝这个裁判不好当，就询问别的官员。御史大夫韩安国是个滑头，两方都不愿得罪，就说两人都有道理。罢朝后，田蚡招呼韩安国坐自己的车子，对他发怒道："与长孺共一老秃翁，何为首鼠两端？"韩安国字长孺。田蚡的意思是说，我和你一同对付窦婴这个秃翁，你干吗"首鼠两端"，不明确表态？

这就是"首鼠两端"的最早出处，这个词也写作"首施两端"。清代学者王念孙解释说："首施，犹首尾也。首尾两端，即今人所云进退无据也。"近代学者刘大白则解释说"首鼠""首施"都是"踌躇"的叠韵转变字。东汉学者服虔和北宋学者陆佃的解释最有意思。服虔说："首鼠，一前一却也。"意思是老鼠出洞之前，前进一步，后退一步，生怕洞口埋伏着一只猫。陆佃说："旧说鼠性疑，出穴多不果，故持两端谓之首鼠。"

将"模棱"比作"首鼠"，苏味道由人而鼠，留下了千载笑名。

《新刊徽板合像滚调乐府官腔摘锦奇音》卷三《运甓记》插图，明代袭正我选编，明万历三十九年（一六一一）书林敦睦堂张三怀刻本。

《摘锦奇音》编选了三十二种传奇的六十六个单出，是一部戏曲选集。卷三选了《运甓记》中“胡淑姬烧夜香”一出。《运甓记》旧题吾邱瑞撰，本事出自《晋书·陶侃传》，串联了陶母剪发待宾、陶侃平叛等情节。陶侃出身寒微，以武功崛起于两晋之际，是东晋门阀政治时期出身寒门而得高第的士人代表。剧名源于陶侃运甓（即搬砖）习劳的典故：“侃在（广）州无事，辄朝运百甓于斋外，暮运于斋内。人问其故，答曰：‘吾方致力中原，过尔优逸，恐不堪事，故自劳耳。’”《摘锦奇音》选的这一出似与故事主干无关。画面中的女子是剧中陶侃的妻子胡淑姬，她在八月十五的晚上焚香拜月，思念远在千里之外的丈夫。此时她的夫君陶侃正在广州搬砖呢。

燕尔新婚
本来是弃妇的血泪控诉

“燕尔新婚”是形容新婚夫妻度蜜月，如胶似漆，透着甜蜜和幸福。这个词本来写作“宴尔新婚”，“燕”通“宴”，安也，安于你们的新婚，欢庆着你们的新婚。

鲜为人知的是，这个吉祥的婚庆用语的背后，竟然埋藏着一个悲苦的故事。

《诗经·国风·谷风》是一首邶地民歌，用弃妇的口吻陈述被丈夫遗弃之苦。两人刚结婚的时候家里很穷，婚后通过共同努力，家境慢慢好了起来。最能干的是妻子，修筑了捕鱼的水坝，编织了捕鱼筐到水坝里捕鱼，拿到市场上去卖。妻子的心地非常善良，邻居家有了什么难事，就是爬着也要赶去帮忙。

但是没想到家境好了，丈夫却变了心，把以前“及尔同死”的海誓山盟全都抛到脑后，看上了别的更美丽的女子，喜新厌旧，对妻子拳脚相加，苦活重活全压在妻子身上。更可恶的是在娶新妻子的那一天把前妻赶出了家门，而且连一步都不愿多送，仅仅送到家门口就止步不前。弃妇孤苦伶仃地一个人离开家门，走上了回娘家的路。

弃妇的耳边传来家里正在举行的婚礼的喜庆之声，不由得满怀怨恨，吟出了“宴尔新婚，如兄如弟”的诗句：欢庆着你们的新婚，你俩亲密得就像兄弟一样。接着，又发出了控诉的最强音“宴尔新婚，不我屑以。毋逝我梁，毋发我笱（gǒu）”：尽管欢庆你们的新婚吧，但是不要诽谤我，不要到我修筑的捕鱼的水坝去，也不要碰我的捕鱼筐。“宴尔新婚，以我御穷”：欢庆你们的新婚，却享用着我辛辛苦苦的积蓄。“不念昔者，伊余来塈（jì）”：一点儿都不顾念以前的感情，往日的恩爱全是一场空。

“宴尔新婚”本来是弃妇的血泪控诉，后来却变成了蜜月的祝福。词义的变化永远也掩盖不住弃妇的悲苦啊！

《雪中相合伞》，铃木春信绘，约一七六九年，美国大都会艺术博物馆藏。

铃木春信擅长描绘纯真爱情和市井日常生活，线条干净，色调柔和，韵味优雅，自成一格，被称为“春信式”。这幅《雪中相合伞》便采用了他常用的“空摺法”，即不着颜色，利用拓印的压力将雪的肌理和服饰的图案压印在厚厚的奉书纸上，是春信的代表作。

图中年轻男女共撑着一把伞，走在茫茫雪中。穿黑色和服的男子侧身回望，穿雪白和服的女子低首站立，伞上已积了厚厚一层雪。服饰的黑白强烈对比使画面显得优美简洁。显然这是一对恋人，他们的神情姿态显得亲密、缠绵又哀伤。铃木春信借用了歌舞伎中双双赴死的男女共打“相合伞”的情节，暗示这对恋人正走在殉情的路上。整幅画面渗透着一种梦幻般的哀婉感伤情调，令人难忘。

鹑衣百结
为什么比喻衣衫破烂？

明代戏曲作家王錂改编的《寻亲记》一剧中有云："古云君子谋道不谋食，忧道不忧贫，原宪鹑衣百结，颜子箪瓢陋巷。"

"颜子"指孔子的学生颜回，为人谦逊好学，孔子曾称赞他"一箪食，一瓢饮，在陋巷，人不堪其忧，回也不改其乐"；"原宪"也是孔子的学生，一生贫寒，竟至于"鹑衣百结"。那么，"鹑衣百结"为什么用来比喻衣衫破烂？这种破破烂烂的衣衫跟"鹑"又有什么关系呢？

先来看"鹑衣"。"鹑"就是鹌鹑，但是古人分类极细，羽毛上面无斑者称"鹌"，有斑者称"鹑"。明代字书《正字通》解释说："鹑尾特秃，若衣之短结，故凡敝衣曰衣若悬鹑。"鹌鹑的尾巴很短，层层叠合在一起；"敝衣"即破旧的衣服，上面层层打满了补丁，看上去就像鹌鹑秃尾巴上的斑斑点点一样，因此称作"鹑衣"或"悬鹑"。"悬"是悬挂，"衣若悬鹑"的意思就是：人披着层层缀满补丁的衣服，就像披挂着鹌鹑的秃尾巴走来走去一样。多么形象的写照！

再来看"百结"。唐代大型类书《艺文类聚》卷六十七引王隐《晋书》曰："董威辇每得残碎缯，辄结以为衣，号曰百结。""缯（zēng）"就是帛，丝织品的总称。董威辇穿着用碎布缀成的百结衣，这种行为当然是名士派头，跟衣衫褴褛的穷人完全不同。

不过"鹑衣"和"百结"的样式还有区别。"鹑衣"用鹌鹑秃尾巴上的斑点来比喻破衣服上的层层补丁，而"百结"则是将残碎布条打结。既有补丁又有打的短结，这件衣服可真够破烂的！因此人们就将这两个词组合起来，是为“鹑衣百结”，极言穷人所着的破烂衣衫。

《流氓图》局部，明代周臣绘，纸本淡设色，一五一六年，美国克利夫兰艺术博物馆藏。

周臣，字舜卿，号东村，吴县（今江苏苏州）人，生卒年不详，是“吴门画派”的先驱，也是明四家之唐伯虎和仇英的老师。擅长人物、山水，画法严整工细，被称为非院派的民间“院派”画家。他的人物画非常出色，用铁线描法，人物古貌奇姿，绵密萧散，各具意态。

《流氓图》又称《乞食图》，原为册页，共有十二开，画二十四个乞丐形象。后被人拆散装裱成两卷，分别藏于美国克利夫兰艺术博物馆和檀香山美术馆。“流氓”即流民，因天灾人祸而流离失所的难民，不得已乞食于路。作者在题记中说：“偶记素见市道丐者往往态度，乘笔砚之便，率尔图写。”这些流民形象，老幼病残皆有，个个衣衫褴褛，憔悴枯槁。最左的老婆婆，目不能视，一足痫疽，怀中尚有一个嗷嗷待哺的婴儿，她的全部家当只有一只瘦小山羊，令观者鼻酸。如周臣这样不加修饰、如实描绘社会最底层人物，在古代绘画史中极其罕见。

数典忘祖
为什么比喻忘本？

“数典忘祖”这个成语比喻忘本。“典”指过去的礼制、历史等典故。叙述过去的礼制、历史等典故时，却忘掉了祖先原有的职掌，这就叫“数典忘祖”。

这个成语出自《左传·昭公十五年》。周景王的王后去世，各诸侯国都来参加葬礼。葬礼结束后，周景王依次宴请各诸侯国的代表。宴请晋国国卿荀跞（luò）时，周景王特意摆上了鲁国进献的酒樽，然后询问荀跞：“诸侯都有礼器进献王室，为什么唯独晋国没有啊？”荀跞向副使籍谈作揖，请他回答。籍谈于是回答说：“诸侯受封的时候，都从王室接受了礼器宝物，因此才能进献天子。而晋国居于深山之中，与戎狄为邻，天子的威望不能到达，顺从戎狄还来不及呢，哪里还有礼器进献王室？”

周景王一听十分不悦，说：“难道你忘了吗？晋国的始祖唐叔是成王的同胞弟弟，难道反而没有赏赐？密须国的鼓和大车，阙巩国的铠甲，这以后周襄王赐给晋文公的大路和戎路之车、斧钺、黑黍和郁金香草酿造的酒、红色的弓和勇士，这不是赏赐是什么？这些赏赐子孙不忘，这就是所谓福。而且，过去你的高祖孙伯黡（yǎn）掌管晋国的典籍，因此称作籍氏，你的姓就是这样来的。你是司典的后代啊，怎么就忘了呢？”

籍谈羞惭满面，无法回答。等他们出去之后，周景王对左右说：“籍父其无后乎！数典而忘其祖。”籍谈的后代恐怕不能担任这个官职了吧，他谈论、历举典故却忘了自己祖先的职守。所谓“典”就是指历代的文献和规章制度。

籍谈回国后，把这件事告诉了大臣叔向，叔向评论周景王主动要求礼器的行为不合于礼，并且刻薄地讽刺道："言以考典，典以志经，忘经而多言举典，将焉用之？"言语用来稽考典籍，典籍用来记载纲常，忘记了纲常却多为言语，虽然举出了先王赏赐礼器的典故，又有什么用呢！

这就是"数典忘祖"这个成语的由来。后人但知周景王讽刺晋国"数典忘祖"，却忽视了叔向对"数典"无用的议论，周王室国力衰落一至于斯，不也是另一种形式的"数典忘祖"吗？

《宣文君授经图》局部，明代陈洪绶绘，绢本设色，一六三八年，美国克利夫兰艺术博物馆藏。

陈洪绶，浙江绍兴府诸暨县人，明末清初著名书画家、诗人，字章侯，号老莲，别号小净名，晚号老迟、悔迟，又号悔僧、云门僧。年少师事刘宗周，明亡为僧，后还俗，以卖画为生。《宣文君授经图》是陈洪绶为姑母六十大寿所画的大幅立轴，意在赞扬姑母的博学多闻和深明大义。

前秦苻坚立国，因天下丧乱，经学荒废，礼乐缺失，听闻太常卿韦逞的母亲宋氏乃世学家女，传其父业，精通《周官音义》，便封年已八十的宋氏为“宣文君”，让她在家设立讲堂，置生员百二十人，隔绛纱幔而授业。周官学得以复行于世。画中，绛幔束起，侍女分列，宣文君遥遥坐于帐中讲授，庭中众儒生席坐恭听。《周官》即《周礼》，儒家经典之一，记述西周政治制度之书，“经纪典诰，百官品物，备于此矣”。这也是“韦幔传经”典故的由来。宋代陈师道的诗句“绛幔未经亲宋母，绿衣犹记识黄裳”便用了此典故。

焦头烂额
原来是救火造成的

“焦头烂额”这个成语今天只用其比喻义，比喻因忙乱而显得狼狈不堪。忙乱可以用无数的情形来比喻，为什么偏偏用烧焦了头、灼伤了额来比喻呢？

原来，此语出自《汉书·霍光传》。汉宣帝对权臣霍光非常畏惧，二人一同出游的时候，汉宣帝常常有如芒刺在背。霍光死后，汉宣帝终于长长地出了一口气，慢慢开始削夺霍氏家族的权柄。

“初，霍氏奢侈，茂陵徐生曰：‘霍氏必亡。夫奢则不逊，不逊必侮上。侮上者，逆道也。在人之右，众必害之。霍氏秉权日久，害之者多矣。天下害之，而又行以逆道，不亡何待！’乃上疏言‘霍氏泰盛，陛下即爱厚之，宜以时抑制，无使至亡’。”

当霍氏显贵之时，茂陵的徐生一连上了三通疏，批评霍氏的奢侈和专权。霍家败亡后，凡举报霍氏的人统统加官进爵，唯独徐生没有。有人为徐生鸣不平，在给汉宣帝的上疏中讲了这样一个故事：“臣闻客有过主人者，见其灶直突，傍有积薪，客谓主人，更为曲突，远徙其薪，不者且有火患。主人嘿然不应。俄而家果失火，邻里共救之，幸而得息。于是杀牛置酒，谢其邻人，灼烂者在于上行，余各以功次坐，而不录言曲突者。人谓主人曰：‘乡使听客之言，不费牛酒，终亡火患。今论功而请宾，曲突徙薪亡恩泽，焦头烂额为上客耶？’主人乃悟而请之。”

“直突”指直通通不拐弯的烟囱，“曲突”当然就是弯曲的烟囱。客人

《清明上河图》局部，北宋张择端绘，绢本设色长卷，北京故宫博物院藏。

张择端，字正道，琅琊东武（今山东诸城）人，北宋画家。《清明上河图》是中国十大传世名画之一，描绘了清明时节北宋都城汴京（今河南开封）东角子门内外和汴河两岸的繁华热闹景象。全卷采用“散点透视法”和鸟瞰式构图，画面严密紧凑，细节丰富生动，再现了十二世纪北宋全盛时期都城汴京的生活面貌，具有重要的历史文献价值。

北宋时的汴京城是当时世界上最繁华的都市，有一百二十坊，绝大多数建筑都是砖木结构，消防成为严峻的社会问题。据记载，城内外每坊均设有一座望火楼，日夜派专人在楼上值守瞭望。这一段画面所绘之地处于城郊，沿河商贩云集，人们熙来攘往。高处有一座砖台，台上有亭，研究者认为这就是其中一座望火楼。按当时规定，楼下应有官屋数间，驻屯军兵五百余人，专司灭火，被称为“潜火兵”。遗憾的是，画中的望火楼上无一人守望，楼下两排兵营式平房也已被改成饭馆，消防系统名存实亡，透露出繁华盛世之下暗藏的危机。

建议主人家把直突改为曲突，并把薪柴搬远一点，以免火患。主人不听，果然失火。救火后，主人宴请邻里，而竟然不请那位最早提建议的客人，此之谓“曲突徙薪亡（无）恩泽，焦头烂额为上客”。“曲突徙薪”和“焦头烂额”这两个成语即由此而来。

故事讲完了，上疏人话锋一转，接着说道：“今茂陵徐福数上书言霍氏且有变，宜防绝之。乡使福说得行，则国亡裂土出爵之费，臣亡逆乱诛灭之败。往事既已，而福独不蒙其功，唯陛下察之，贵徙薪曲突之策，使居焦发灼烂之右。”

这段话的意思是说：徐福屡次上书说霍氏将有变，早就应该防范杜绝。假如采纳了徐福的建议，那么国家不至于破费土地和爵禄封赏，大臣不会因叛逆而被诛灭。徐福这么大的功劳却没有得到封赏，陛下应该以“徙薪曲突之策”为贵，让徐福“居焦发灼烂之右”，即徐福应该位于救火的“焦发灼烂”“焦头烂额”者的上位。

接到这通上疏，汉宣帝幡然悔悟，“乃赐福帛十匹，后以为郎”。

“焦头烂额”这个成语就是由此而来。

斯文扫地

“斯文”为什么会“扫地”呢？

“斯文扫地”既指不尊重文化人，也用来形容文化人自甘堕落。要讲清楚“斯文扫地”的来源，先要把“斯文”和“扫地”分开来讲。

“斯文”一词出自《论语·子罕》。有一年，孔子从卫国去陈国，路经“匡”这个地方。匡人曾经遭受鲁国权臣阳虎的掠夺和残杀，孔子和阳虎的相貌非常相像，匡人还以为孔子就是阳虎呢，就把孔子围困了五天。孔子饥饿交加，叹息道：“文王既没，文不在兹乎？天之将丧斯文也，后死者不得与于斯文也；天之未丧斯文也，匡人其如予何？”

孔子这段话的意思是说：周文王死了之后，周代的礼乐文化不都体现在我的身上吗？上天如果想要消灭这种文化，后人就不会掌握这种文化了；上天如果不想消灭这种文化，匡人又能把我怎么样呢？这里的“文”指周代的礼乐教化和典章制度，“斯”是“此”的通假字，意为这、这个、这种，“斯文”即这种文化。后来就用“斯文”一词指称文化人，进而用作形容词，比喻人温文尔雅的样子。

“扫地”从打扫地面引申为除尽、丢光。比如扬雄《羽猎赋》：“军惊师骇，刮野扫地。”李善注：“言杀获皆尽，野地似乎扫刮也。”“扫地”一词用在人身上始于汉代。班固在《汉书·魏豹田儋韩王信传》中感叹道：“秦灭六国，而上古遗烈扫地尽矣。”“遗烈”指炎黄尧舜时期的刚强之士，秦灭六国之后，这些上古之士全部灭绝了。

《新唐书·祝钦明传》记载了一则著名的“扫地”故事：祝钦明是唐中

宗时期的礼部尚书，有一次中宗跟群臣一起聚餐，祝钦明声称自己会跳“八风舞”，中宗就请他跳给大家看。祝钦明是个大胖子，只见他摇头摆尾，瞪圆了双眼，左顾右盼，舞姿可想而知有多么丑陋，惹得中宗大笑不已。旁边的吏部侍郎卢藏用叹息道：“是举五经扫地矣！”“五经”即《诗》《书》《易》《礼》《春秋》这五部儒家经典，泛指文化。卢藏用感叹祝钦明此举丢人现眼，把文化人应该保有的风度尽皆丢光了。

杜甫《哭台州郑司户苏少监》有“豪俊何人在，文章扫地无”的诗句，也是这个意思；而黄庭坚《萧子云宅》“风流扫地无寻处，只有寒藤学草书”的诗句更接近“斯文扫地”一词。

大约从清代开始，“斯文”和“扫地”连用，跟今天的意思一模一样，也可以写作“斯文委地”。

《李香君小影》局部，清代崔鹤绘，一八一七年，纸本设色，美国大都会艺术博物馆藏。

李香君，又名李香，号“香扇坠”，明末清初南京教坊名妓，秦淮八艳之一。她多才多艺，尤其擅长弹唱《琵琶记》。画面上李香君斜倚在月窗边，一手持团扇，鬓发如云，眉目纤秀，面容沉静。衣纹线条清劲流畅，用笔工细。窗下盛开的桃花与团扇上的图案呼应，点出以她和侯方域爱情悲剧为蓝本的《桃花扇》传奇。底部有林语堂行书题跋：“香君一个娘子，血染桃花扇子。气义照耀千古，羞杀须眉男子。香君一个娘子，性格是个蛮子。悬在斋中壁上，教我知所观止。如今天下男子，谁复是个蛮子。大家朝秦暮楚，成个什么样子。当今这个天下，都是骗子贩子。我思古代美人，不致出甚乱子。”斯文扫地的年代，要向美人画中寻觅义烈之气。

图书在版编目(CIP)数据

100个成语中的古代生活史/许晖著.—桂林：广西师范大学出版社，2020.8(2024.11重印)
ISBN 978-7-5598-2540-7

Ⅰ.①1… Ⅱ.①许… Ⅲ.①汉语-成语-研究 ②社会生活-生活史-中国-古代 Ⅳ.①H136.31 ②D691.9

中国版本图书馆CIP数据核字(2019)第296991号

100个成语中的古代生活史
100 GE CHENGYU ZHONG DE GUDAI SHENGHUO SHI

出 品 人：刘广汉
策划编辑：尹晓冬　宋书晔
责任编辑：刘孝霞　王荣光
助理编辑：宋书晔
选图、解说：芸　窗
装帧设计：王鸣豪

广西师范大学出版社出版发行
(广西桂林市五里店路9号　　邮政编码:541004
网址:http://www.bbtpress.com)
出版人:黄轩庄
全国新华书店经销
销售热线：021-65200318　021-31260822-898
山东临沂新华印刷物流集团有限责任公司印刷
(临沂高新技术产业开发区新华路1号　邮政编码:276017)
开本：720 mm×1 000 mm　1/16
印张：23　字数：230千
2020年8月第1版　2024年11月第7次印刷
定价：88.00元